«Un amigo me dio este libro cerca de la medianoche, y a las dos o tres de la mañana todavía estaba leyéndolo. Es una historia maravillosa e inspiradora que ilumina nuestra perspectiva y nos da una sensación de seguridad, claridad y calidez».

—Donald Miller,
autor de *Blue Like Jazz*

«Los noventa minutos de Don Piper en el cielo cambiaron su vida y perspectiva. Este libro le dará la seguridad de que Dios es fiel para acompañarle aun en las circunstancias más horribles. Que este relato de un testigo ocular de la esperanza que hay por delante cambie también su perspectiva de la vida».

—Michael Carter,
CBN, administrador principal

«Cautivante y muy bien escrito, este libro captará su atención y se apoderará de su corazón. Don relata su historia, la experiencia que todos los cristianos anhelamos oír. La mīsma elevará su espíritu y aliviará su dolor».

—Ron Hill,
pastor, The Fellowship of San Antonio

UNA HISTORIA REAL
de MUERTE Y VIDA

90
MINUTOS EN
EL CIELO

DON PIPER
CON CECIL MURPHEY

Publicado por
Unilit
Miami, FL 33172

Primera edición 2014 – (Serie Favoritos)

Originalmente publicado en inglés con el título:
90 Minutes in Heaven
Publicado por Revell
División de Baker Publishing Group,
P.O. Box 6287, Grand Rapids, MI 49516-6287

Diseño de la cubierta: *studiogearbox.com*
Fotografía de la cubierta: ©2014, gyn9037 / stockshoppe / Evgeny
Karandaev/Lukaschevich Sergei. Usada con permiso, www.shutterstock.com.

A menos que se indique lo contrario, el texto bíblico ha sido tomado de
la Santa Biblia, *Nueva Versión Internacional* ®NVI®. Propiedad literaria ©
1999 por Biblica, Inc. ™. Usado con permiso. Reservados todos los derechos
mundialmente.
Usado con permiso.

Desarrollo editorial: *Grupo Nivel Uno, Inc.*

Producto 496947
ISBN 0-7899-1895-1
ISBN 978-0-7899-1895-6
Impreso en Colombia
Printed in Colombia

Categoría: Biografía/Autobiografía
Category: *Biography/Autobiography*

A los guerreros de la oración...
¡Ustedes oraron; yo estoy aquí!

CONTENIDO

AGRADECIMIENTOS

Escribí este libro en defensa propia. En los años que pasaron desde 1989, rara vez he podido satisfacer a alguien con respuestas rápidas o encuentros breves que relaten mis experiencias. En la radio, la televisión, los periódicos, y desde un sinnúmero de púlpitos y podios de disertación, en general, he dejado más preguntas sin respuesta que dado contestaciones satisfactorias. La gente siempre ha querido saber más... siempre más. Escribí tres manuscritos distintos sobre esta experiencia para satisfacer las mentes inquisitivas. Ninguno me satisfizo. Por eso convencí a uno de los autores distinguidos de los Estados Unidos para que se asociara conmigo y escribiéramos un libro que respondiera a los temas más impactantes con relación a mi muerte y mi vida. Cecil Murphey, autor de muy exitosas biografías de luminarias como Franklin Graham, Truett Cathey, B. J. Thomas, Dino Karsanakas y el Dr. Ben Carson, me dio la perspectiva que yo quería para escribir el libro que necesitaba escribir. Es este que tiene usted hoy en sus manos.

Cec se ha convertido en un devoto amigo, confidente y mentor. En realidad, una de las bendiciones de escribir este libro ha sido conocer a Cec Murphey. Su pasión por este proyecto se siente en cada página. ¡Gracias, Cec! Te lo agradezco profundamente. De la misma manera, Deidre Knight, de la Agencia Knight, creyó en este proyecto, y eso lo aprecio mucho. Y la Dra. Vicki Crumpton del Baker Publishing Group es una persona a la que he llegado a admirar. Su dedicación para ver esta historia publicada me es muy valiosa.

Quiero agradecer al personal de la Unidad de Trauma del Centro Médico Memorial Hermann y del Hospital Episcopal de St. Luke en Houston por su devoción a las artes de la sanidad. Mi agradecimiento especial al Dr. Thomas Greider, mi cirujano traumatólogo desde esa fatídica noche del 18 de enero de 1989.

Varias personas preciosas de Dios de muchas iglesias me han permitido servirles. Sus oraciones no solo fueron cruciales para mi supervivencia, sino que su presencia ha sido una bendición para mi ministerio. Mi más profunda gratitud a la Iglesia Bautista de South Park de Alvin, Texas, grandes guerreros de la oración a Dios. Además quiero reconocer la contribución especial de la Primera Iglesia Bautista, la Iglesia Bautista Airline y la Iglesia Bautista Barksdale, todas de Bossier City, Louisiana. Mi padre en el ministerio, el Dr. Damon V. Vaughn, antiguo pastor de las primeras dos de estas iglesias, también ha contribuido de una manera tal que estoy en deuda con él.

Por estar fielmente conmigo desde mi accidente, expreso todo mi amor a la Primera Iglesia Bautista de Rosharon, Texas, junto a la Iglesia Bautista de Hunter's Glen y Murphy Road de Plano, Texas. Desde 1996 he llamado a la Primera Iglesia Bautista de Pasadena, Texas, mi lugar de servicio. Su apoyo para este proyecto ha sido incansable y muy tierno. Gracias a todos por su paciencia, oraciones y amor.

A Anita Onerecker y su fallecido esposo Dick, gracias por permitir que Dios los usara de manera tan dramática. A todos mis amigos, hermanos y hermanas en Cristo, que oraron con tanta pasión, gracias. Solo Dios conoce sus sacrificios y amabilidad. Y por sobre todo, gracias a mis amigos de tantos años, Cliff McArdle y David Gentiles, verdaderos regalos de Dios. De día o de noche, de forma cómoda o incómoda, con sacrificio o sin él, siempre han sido fieles. Y gracias a todos por alentarme a completar este libro.

Por último quiero expresar mi profunda gratitud a los padres de mi esposa, Eldon y Ethel Pentecost, y a mis padres, Ralph y Billie Piper, por sus incalculables sacrificios y fiel apoyo. A mis tres hijos, Nicole, Chris y Joe, les digo... Dios me ha dado hijos mucho mejores de lo que merezco. Soy muy bendecido. ¿Cómo agradecerles por todo lo que han significado para mí, aún más desde ese miércoles hace ya tanto tiempo? Y a mi esposa desde hace treinta años, Eva... nadie debiera tener que hacer todo lo que tuviste que hacer por mí. Pero lo hiciste, con fidelidad, con compasión y sin dudar. De toda mi familia y amigos, solo ella puede en realidad saber lo doloroso que ha sido este viaje cada día, porque lo ha soportado conmigo. Eva, eres un regalo de Dios.

Señor, tú sabes que no siempre entendí los por qués de lo que sucedió, pero nunca dejé de confiar en ti. Oro, Abba Padre, porque este humilde esfuerzo por relatar mi historia te agrade y bendiga a muchos. Amén

Don Piper
febrero de 2004

Don con sus hijos Chris y Joe en 1982.

PRÓLOGO

Fallecí el 18 de enero de 1989.

Los paramédicos llegaron en minutos al lugar del accidente. No encontraron pulso y me declararon muerto. Me cubrieron con una lona para que los curiosos no me estuvieran mirando mientras atendían a los demás heridos. No tenía conciencia alguna de los paramédicos ni de nadie más.

Inmediatamente después de morir, fui derecho al cielo.

Mientras estaba en el cielo llegó un predicador bautista a la escena del accidente. Aunque sabía que yo estaba muerto, se acercó a mi cuerpo sin vida y oró por mí. A pesar de las burlas de los Técnicos de Emergencia Médica (TEM) se negó a dejar de orar.

Al menos noventa minutos después de que los médicos me declararan muerto, Dios respondió a las oraciones de ese hombre.

Regresé a la tierra.

Esta es mi historia.

1
EL ACCIDENTE

Así que podemos decir con toda confianza: «El Señor es
quien me ayuda; no temeré. ¿Qué puede hacerme el ser
humano?»

HEBREOS 13:6

La Convención General Bautista de Texas (CGBT) orga-
niza conferencias anuales para todo el estado. En enero
de 1989 eligieron la costa norte del Lago Livingston,
donde la Asociación Bautista de la Unión, compuesta por
todas las iglesias bautistas de Houston y sus alrededores,
opera un enorme centro de conferencias llamado Trinity
Pines. La conferencia se centraba en el crecimiento de las
iglesias y asistí porque estaba considerando muy en serio la
idea de iniciar una nueva iglesia.

Dicha conferencia comenzaba el lunes y tenía progra-
mado terminar con un almuerzo el miércoles. El martes por
la noche fui a caminar con el ejecutivo de CGBT y amigo

mío J. V. Thomas. Él solía caminar con regularidad ahora, desde que había tenido un ataque al corazón, así que hicimos ejercicios juntos la última noche de la conferencia. Meses antes había estado pensando que ya era hora de iniciar una nueva congregación. Pero antes de embarcarme en tal empresa necesitaba toda la información posible. Sabía que J. V. tenía mucha experiencia y conocimiento en el desarrollo de nuevas iglesias, al igual que todos los de la CGBT. Como había iniciado muchas iglesias exitosas en el estado, la mayoría de nosotros lo considerábamos un experto. Mientras caminábamos juntos esa noche hablamos de mi idea de iniciar una nueva iglesia, cuándo hacerlo y dónde plantarla. Quería conocer las dificultades y escollos que pudiera evitar. Respondió a mi interminable serie de preguntas y mencionó cosas que nunca se me habían ocurrido.

Hablamos y caminamos durante una hora. A pesar del frío y la lluvia, pasamos un maravilloso momento juntos. J. V. recuerda bien ese momento.

Yo también, pero por una razón diferente. Fue la última vez que caminé de forma normal.

─◦○◦─

El miércoles por la mañana el tiempo empeoró. Llovía sin parar. Si la temperatura hubiera descendido solo un poco más no habríamos podido viajar, porque todo habría estado congelado.

Las reuniones de la mañana se iniciaron a tiempo. El disertante final hizo algo que los predicadores bautistas casi nunca hacen: terminó temprano. En lugar del almuerzo formal, el personal de Trinity Pines sirvió una combinación de desayuno y almuerzo como a las diez y treinta de la mañana. Yo había empacado la noche anterior, así que ya tenía todo dentro del baúl de mi Ford Escort rojo modelo 1986.

Apenas terminamos de comer me despedí de todos mis amigos y me subí al auto para conducir de regreso a la iglesia donde trabajaba, la Iglesia Bautista de South Park en Alvin, una comunidad de dormitorios en Houston.

Cuando arranqué el motor recordé que solo tres semanas antes había recibido una multa por no tener puesto el cinturón de seguridad. Fue cuando volvía de predicar en reemplazo de un pastor amigo mío que necesitaba realizarse una cirugía de la garganta. Me había detenido un patrullero de Texas. Esa multa estaba todavía sobre el asiento del acompañante, y me recordaba que debía pagarla apenas volviera a Alvin. Hasta el momento de la multa no había usado el cinturón de seguridad como un hábito, pero después de eso cambié mi costumbre.

Cuando miré la multa pensé: *No quiero que vuelvan a detenerme*. Y por lo tanto me ajusté el cinturón de seguridad. Esa pequeña acción sería una decisión crucial.

Había dos formas de volver a Houston para continuar hasta Alvin. Apenas llegué al portón de Trinity Pines tuve que elegir si iría por Livingston y luego por la Autopista 49, o si marcharía hacia el oeste a Huntsville, hasta la ruta I-45, conocida también como la Autopista del Golfo. Cada opción implica probablemente la misma distancia. A veces, de ida o vuelta de Trinity Pines, elegía la Autopista 59. Esa mañana decidí tomar la Autopista del Golfo.

Sentía alivio porque habíamos podido salir temprano. Eran apenas pasadas las once de la mañana, así que llegaría a la iglesia alrededor de las dos. El ministro principal había ido con un grupo a Tierra Santa y me tocaba a mí el servicio de mitad de semana en la Iglesia de South Park. También me había pedido que predicara los dos domingos subsiguientes. Esa noche había una reunión de oración que requería de poca preparación, pero necesitaba trabajar en mi sermón del domingo siguiente.

Antes de salir de Alvin había escrito un borrador para el primer sermón, titulado: «Creo en un gran Dios». Mientras manejaba, pensé que debía repasar el sermón y evaluar lo que había escrito hasta ese momento. Muchas veces desde ese día he pensado en mi decisión de tomar la Autopista del Golfo. Es asombroso que no prestemos atención a las sencillas decisiones en el momento en que las tomamos. Sin embargo, me recordaba que hasta la decisión más pequeña suele tener consecuencias importantes. Esta fue una de ellas.

Salí de Trinity Pines, giré a la derecha y me dirigí por la Autopista 19 de Texas. Esto me llevaría a Huntsville, donde se intercepta con la I-45 que lleva a Houston. No tuve que conducir demasiado para llegar al Lago Livingston, una laguna en realidad, creada al construirse el dique del Río Trinity. Lo que había sido el lecho del río ahora era una hermosa y gran laguna. Al cruzar el Lago Livingston hay una autopista de dos carriles, construida sobre el nivel del lago. La ruta no tiene banquinas, por lo cual es angosta en extremo. Tenía que conducir un largo trecho sobre ese camino que cruza el lago para llegar del otro lado. No había tenido premoniciones sobre el viaje, aunque estaba al tanto de la falta de banquinas.

En el extremo de la autopista que cruza el lago está el puente original sobre el Río Trinity. Justo después del puente el camino sube en un ángulo empinado para elevarse por encima del lecho del río. La visibilidad en esta subida es un problema para los que conducen en ambas direcciones.

Era la primera vez que veía el puente, y me resultó extraño. No tengo idea del largo, pero lo vi bastante extenso. Es un puente viejo, con una infraestructura pesada de acero oxidado. Además del camino que tenía inmediatamente delante no veía demasiado, y por cierto no vi que hubiera tráfico. Era un puente peligroso, como reconocería más tarde, y habían ocurrido varios accidentes allí. (Aunque ya no se usa, el puente sigue allí. El estado ha construido otro justo al lado.)

Conducía a ochenta kilómetros por hora porque no conocía el camino. Encogí un poco los hombros porque dentro del auto sentía frío. El viento hacía que la mañana fuera más fría de lo que indicaba el termómetro. Ahora llovía más fuerte. Me alegraría cuándo llegara por fin a Alvin. Cerca de las once y cuarenta y cinco, justo antes de llegar al extremo este del puente, un vehículo de dieciocho ruedas conducido por uno de los internos del correccional de Texas avanzó por la línea del centro y chocó contra mi auto de frente. El vehículo comprimió a mi pequeño automóvil contra el lado del puente y la cabina del conductor del camión. Y todas las ruedas pasaron por encima de mi auto, y lo aplastó.

Recuerdo fragmentos del accidente, muy pocos, pero la mayor parte de mi información proviene del informe del accidente y los testigos oculares.

Por la descripción que dieron los testigos el camión luego se deslizó hacia el lado opuesto del puente angosto y barrió con dos autos más. Estaban frente al camión y ya me habían pasado yendo en dirección opuesta. El registro de la policía dice que el camión iba a alta velocidad, por lo menos a cien kilómetros por hora, cuando chocó contra mi auto. El conductor inexperto al fin logró detener el camión casi al final del puente.

Un joven vietnamita estaba en uno de los vehículos chocados, y en el otro había un hombre caucásico de avanzada edad. Aunque quedaron muy impactados, ambos conductores sufrieron solo lesiones menores. Se negaron a recibir ayuda, por lo que los paramédicos no transportaron a ninguno de ellos al hospital.

A causa de la velocidad del camión el informe del accidente establece que el impacto fue a unos ciento ochenta kilómetros por hora. Es decir, que el camión me chocó mientras iba a cien kilómetros por hora entretanto yo iba de forma cuidadosa a ochenta. El conductor recibió una citación por no haber controlado su vehículo y por exceso de velocidad. Luego llegó la información de que ni siquiera tenía licencia para conducir el camión. En la prisión los supervisores habían pedido voluntarios para conducir el camión que debía recoger mercancía y alimentos para traerlos al correccional. Y debido a que era un voluntario le permitieron conducir el camión de provisiones. Dos guardias le seguían de cerca en otra camioneta propiedad del estado.

Después del accidente el conductor del camión no tenía siquiera un rasguño. El camión no se dañó siquiera. Pero el pesado vehículo había aplastado mi Ford, y lo sacó del angosto camino. Fue el riel de contención sobre el lado del puente lo que impidió que mi auto cayera al agua.

Según los testigos oculares los guardias llamaron al servicio médico de la prisión, que llegó a los pocos minutos. Alguien me examinó y al no encontrar pulso declaró que había muerto al instante.

No tengo recuerdo del impacto ni de nada de lo que sucediera después.

En un segundo, abrumador y potente, fallecí.

2
MI TIEMPO EN
EL CIELO

Y con mucho temor, añadió: «¡Qué asombroso es este lugar! Es nada menos que la casa de Dios; ¡es la puerta del cielo!»

GÉNESIS 28:17

Cuando morí, no avancé flotando por un túnel largo y oscuro, ni tuve la sensación de esfumarme o regresar. Jamás sentí que mi cuerpo fuera transportado hacia una luz. No oí voces que me llamaran ni nada parecido. En el mismo momento de mi último recuerdo del puente y la lluvia me envolvió una luz con un brillo que no puedo describir con palabras y ni podía comprender. Nada más que eso.

Cuando recuperé mis sentidos estaba en el cielo, de pie.

෴

El gozo latía a través de mí mientras miraba alrededor, y en ese momento me di cuenta de que había una gran multitud de personas. Estaban paradas frente a una puerta brillante y muy decorada. No tengo idea de la distancia, porque cosas como las dimensiones no tenían importancia. Cuando la multitud se me acercó no vi a Jesús, pero sí a personas que había conocido. Se acercaban y yo reconocía al instante que todas habían muerto durante mi vida. Su presencia parecía absolutamente natural.

Todos venían hacia mí, y todos sonreían, gritaban y alababan a Dios. Aunque nadie lo dijo, de forma intuitiva supe que era mi comité de bienvenida celestial. Era como si todos se hubieran reunido junto a las puertas del cielo a esperarme.

La primera persona a la que reconocí fue a Joe Kulbeth, mi abuelo. Se veía tal como lo recordaba, con su cabello blanco y la nariz que yo llamaba «nariz de banana». Se detuvo frente a mí, con una sonrisa. Quizá dije su nombre, pero no lo recuerdo.

«¡Donnie!» (Así me llamaba mi abuelo siempre.) Se le iluminaron los ojos y extendió los brazos, al dar unos pasos hacia mí. Me abrazó fuerte. Era el abuelo robusto y potente que recordaba de mi niñez.

Había estado con él cuando tuvo un ataque al corazón en casa, y lo había acompañado en la ambulancia. Me quedé en la puerta de la sala de emergencias en el hospital cuando el doctor salió y me dijo con suavidad, negando con la cabeza: «Hicimos todo lo posible».

Mi abuelo me soltó y mientras miraba su rostro me invadió una dicha de éxtasis. No pensé en su ataque al corazón ni en su muerte porque no podía sobreponerme al gozo de haberme reunido con él. Cómo habíamos llegado al cielo era algo que parecía irrelevante.

No tengo idea de por qué fue mi abuelo la primera persona que vi. Quizá tuvo algo que ver con el hecho de que estuve allí cuando murió. No fue una de las grandes guías espirituales en mi vida, aunque por cierto influyó en mí de manera positiva en ese aspecto.

Después de que me abrazó mi abuelo no recuerdo quién fue el segundo y el tercero que me saludó. La multitud me rodeaba. Algunos me abrazaban y otros me daban un beso en la mejilla, en tanto otros más me daban la mano. Jamás me sentí más amado.

Una persona en ese comité de bienvenida era Mike Word, mi amigo de la infancia. Mike era especial porque me invitó a la escuela dominical y fue de gran influencia en mi conversión como cristiano. Mike era el cristiano joven más devoto que haya conocido. También era un chico muy popular y había estado cuatro años en los equipos de fútbol, baloncesto y atletismo, una hazaña importante. Además era mi héroe porque vivía el estilo de vida cristiano del que hablaba. Después de la escuela secundaria, Mike recibió una beca completa para ir a la Universidad de Louisiana. Cuando tenía diecinueve años murió en un accidente automovilístico. Me rompió el corazón la noticia de su muerte y me llevó mucho tiempo reponerme. Su muerte fue la experiencia más dolorosa e impactante que hubiera tenido que vivir hasta entonces.

Cuando asistí a su funeral, me pregunté si alguna vez dejaría de llorar. No podía entender por qué Dios se había llevado a un discípulo tan dedicado. Y a lo largo de los años nunca me fue posible olvidar el dolor y la sensación de pérdida. No es que pensara en él todo el tiempo, pero cuando lo hacía me invadía la tristeza.

Ahora estaba viendo a Mike en el cielo. Me rodeó los hombros con su brazo, y mi pena y dolor desaparecieron. Nunca lo había visto con una sonrisa tan brillante. Todavía no sé por qué pero el gozo de ese lugar borraba cualquier pregunta. Todo era dicha. Perfecto.

Cada vez venían más personas que me llamaban por mi nombre. Me sentía abrumado por la cantidad de gente que había venido a darme la bienvenida al cielo. Había muchas personas, y jamás había imaginado que alguien pudiera verse tan feliz como se veían ellos. Sus rostros irradiaban una serenidad que nunca había visto en la tierra. Todos estaban llenos de vida y expresaban un gozo radiante.

El tiempo no tenía significado alguno. Sin embargo, para ser más claro relataré esta experiencia en términos que den cuenta del tiempo.

Vi a mi abuelo y oí su voz, y sentí su abrazo mientras me decía lo emocionado que estaba porque había llegado a unirme a ellos. Vi a Barry Wilson, compañero mío en la secundaria, que murió ahogado en un lago. Barry me abrazó y su sonrisa irradiaba una felicidad que no pensaba que fuese posible. Él y todos los demás alababan a Dios y me decían lo emocionados que estaban por verme y darme la bienvenida al cielo y por la comunión de la que disfrutaban.

Luego vi a dos maestros que me habían querido mucho y me hablaban de Jesucristo. Mientras caminaba con ellos noté la variedad de edades: jóvenes, ancianos, y de todas las etapas de la vida. Muchos no se habían conocido en la tierra, pero cada uno había tenido influencia en mi vida en algún aspecto. Y aunque no se habían encontrado en la tierra, parecían conocerse ahora.

Mientras intento explicar esto mis palabras parecen poco adecuadas y débiles, porque tengo que usar términos terrenales para referirme a un inimaginable gozo, una emoción, una calidez y una felicidad total. Todos me abrazaban, me tocaban, me hablaban, reían y alababan a Dios de continuo. Parecería que esto duró mucho tiempo, pero no me cansaba de ello.

Mi padre tiene diez hermanos. Algunos de sus hermanos y hermanas tenían trece hijos cada uno. Cuando yo era niño nuestras reuniones familiares eran tan multitudinarias que alquilábamos un parque entero en la ciudad de Monticello, Arkansas. Los Pipers somos afectuosos y nos besamos y abrazamos cada vez que nos reunimos. Sin embargo, ninguna de esas reuniones familiares, me preparó para la sublime reunión de santos que viví a las puertas del cielo.

Quienes se reunían en Monticello eran en algunos casos las mismas personas que me esperaban a las puertas del cielo. El cielo era muchas cosas, pero sin duda era la mayor reunión familiar de todas.

Todo lo que experimenté fue como un menú de primera clase para mis sentidos. Jamás había sentido abrazos tan potentes, ni se habían regodeado mis ojos en tal belleza. La luz y textura del cielo desafían la vista humana y toda explicación posible. Una luz cálida y radiante me envolvía. Al mirar alrededor casi no podía abarcar los vívidos y brillantes colores. Los tonos y matices excedían a todo lo que hubiera visto antes.

Con mis sentidos muy exacerbados sentí como si nunca antes hubiera visto, oído o tocado nada tan real. No recuerdo que hubiera saboreado nada hasta ese momento, pero sé que si lo hubiera hecho habría sido más glorioso que cualquier cosa que comiera o bebiera en la tierra. Solo puedo explicarlo diciendo que me sentía como si estuviera en otra dimensión. Nunca, ni siquiera en mis momentos más felices, me había sentido tan plenamente vivo. Allí estaba yo, sin decir palabra frente a una multitud de seres queridos, intentando comprenderlo todo. Una y otra vez oí decir que estaban muy contentos de verme y emocionados porque estuviera entre ellos. No sé muy bien si decían las palabras o no, pero sí percibía que habían estado esperándome, y también comprendía que en el cielo no hay sensación ni percepción del paso del tiempo.

Miré una vez más los rostros y vi que todos habían contribuido a mi conversión como cristiano o que me habían alentado en mi crecimiento como creyente. Cada uno me había afectado de manera positiva. Cada uno había tenido un impacto espiritual en mí, a manera de ayudarme a ser mejor discípulo. Supe —otra de esas cosas que supe sin saber cómo absorbía la información— que a causa de su influencia podía estar presente con ellos en el cielo.

No hablamos de lo que habían hecho por mí. Nuestras conversaciones se centraban en el gozo de que estuviera allí y lo felices que estaban de verme.

Todavía abrumado no sabía cómo responder a su bienvenida. «Estoy feliz de estar con ustedes», dije, pero ni siquiera esas palabras podían expresar el gozo total de estar rodeado y ser abrazado por toda esa gente que amaba.

No estaba consciente de nada de lo que dejaba atrás, no lamentaba dejar a mi familia ni a mis posesiones. Era como si Dios hubiera eliminado todo lo negativo, toda preocupación de mi conciencia, y solo podía regocijarme por estar con esas maravillosas personas.

Se veían exactamente como las había conocido, aunque más radiantes y gozosas de lo que jamás se hubieran visto aquí en la tierra.

Mi bisabuela, Hattie Mann, era estadounidense nativa. De niño la vi después de que comenzara a afectarla la osteoporosis. Tenía la cabeza y los hombros inclinados hacia adelante, como si tuviera una joroba. Y recuerdo en especial su rostro, muy arrugado. La otra cosa que se destaca en mi memoria es que tenía dientes postizos, que no usaba con frecuencia. Sin embargo, cuando me sonrió allí en el cielo, tenía dientes brillantes. Sabía que eran sus propios dientes, y cuando sonrió fue con la sonrisa más linda que haya visto jamás.

Luego observé otra cosa: ya no tenía la joroba. Estaba erguida, y se habían borrado las arrugas de su rostro. No tengo idea de su edad, y ni siquiera pensé en ello. Miraba su rostro con fijeza, y comprendí que la edad no tiene importancia alguna en el cielo.

La edad expresa el paso del tiempo, y allí no hay tiempo. Toda la gente con la que me encontré tenía la misma edad que tenía la última vez que los vi, pero no había vestigios de sus dolencias ni envejecimiento. Aunque algunas de sus facciones no serían consideradas atractivas en la tierra, en el cielo todas las facciones eran perfectas, hermosas, maravillosas de ver.

Aun hoy que han pasado años, a veces cierro los ojos y veo esos rostros perfectos, esas sonrisas que me sorprendían con el calor y la amistad humanos más grandes que haya visto. Solo estar con ellos fue un momento santo, algo que atesoro como una esperanza.

Cuando llegué al cielo estaban quietos delante de mí y vinieron enseguida. Me abrazaron, y no importa en qué dirección mirara, siempre veía a alguien a quien había amado y que me había amado. Me rodeaban, y se movían para que todos tuvieran la oportunidad de darme la bienvenida al cielo.

Me sentí amado... más amado que nunca antes en la vida. No decían que me amaban. No recuerdo las palabras que decían. Cuando me miraban, sabía lo que quiere decir la Biblia con «perfecto amor». Este emanaba de cada persona de las que me rodeaban.

Los miraba fijamente, y al hacerlo sentía que absorbía el amor de ellos hacia mí. En algún punto miré a mi alrededor y me sentí pleno, sobrecogido, porque todo brillaba de forma muy intensa. De la puerta —a corta distancia delante de mí— provenía un brillo más brillante que la luz que nos rodeaba, luminoso por completo. Apenas dejé de mirar los rostros de las personas vi que todo lo que había alrededor emanaba una luz intensa, muy brillante. Al tratar de describir la escena encuentro que las palabras no sirven porque los términos humanos no pueden expresar los sentimientos de maravilla y sobrecogimiento ante lo que estaba viendo.

Todo relucía y brillaba intensamente. Solo puedo describirlo diciendo que comenzamos a movernos hacia esa luz. Nadie dijo que era momento de hacerlo, pero todos nos movimos al mismo tiempo. Yo miraba hacia adelante y vi que todo parecía hacerse más alto, como si estuviera ante una suave colina que se elevaba delante de mis ojos, sin acabar nunca. Había esperado ver oscuridad detrás de la puerta, pero hasta donde me llegaba la vista, todo era luz, radiante e intensa.

En contraste, la luz potente que había visto cuando me encontré con mis amigos y seres amados parecía empalidecer a medida que aumentaba la iridiscencia y el radiante fulgor frente a mí. Era como si con cada paso se intensificara la luminosidad que me envolvía. No creía que pudiera brillar más, pero así fue. Era como si abriéramos un poco la puerta de una habitación a oscuras y saliéramos al brillo del sol del mediodía. Cuando la puerta se abre, los rayos del sol irrumpen en la oscuridad y quedamos por un momento enceguecidos.

No quedé enceguecido pero sí asombrado ante esta luz que aumentaba en intensidad de continuo. Aunque parezca raro, y aunque todo era tan brillante, cada vez que avanzaba un poco el esplendor era mayor. Cuanto más avanzaba, más brillante era la luz. La luz me envolvía y tuve la sensación de que me estaban guiando a la presencia de Dios. Aunque nuestros ojos humanos tienen que ajustarse a la luz o la oscuridad, con mis ojos celestiales veía con absoluta facilidad. En el cielo cada uno de nuestros sentidos está exacerbado a un punto inconmensurable, para que podamos apreciarlo todo. ¡Es una celebración sensorial!

Me invadió un temor santo mientras avanzaba. No tenía idea de lo que habría delante, pero percibía que con cada paso que diera todo sería cada vez más maravilloso.

Entonces oí la música.

3
MÚSICA CELESTIAL

Luego miré, y oí la voz de muchos ángeles que estaban alrededor del trono, de los seres vivientes y de los ancianos.

APOCALIPSIS 5:11

De niño pasé mucho tiempo en el campo y los bosques. Cuando caminaba por la hierba seca, que me llegaba hasta la cintura, solía sorprender a una bandada de pájaros y provocaba que dejaran los nidos que habían hecho en el suelo. Con el aleteo de sus alas, oía un sonido como de viento.

Mi recuerdo más vívido del cielo es lo que oí. Solo puedo describirlo como un santo sonido de aleteo.

No obstante tendría que magnificar esto miles de veces para explicar el efecto del sonido en el cielo.

Era el sonido más placentero y hermoso que haya oído jamás, y no cesaba. Como una canción que continúa eternamente. Me sentí lleno de asombro, y quería escuchar y nada más que escuchar. No es que oyera la música solamente. Era como si formara parte de la música, la cual resonaba en todo mi cuerpo. Permanecí quieto y me sentí envuelto en los sonidos.

Aunque era consciente de los sonidos y melodías gozosas que llenaban el aire, esto no me distrajo. Sentía como si el concierto celestial penetrara en cada parte de mi ser, pero al mismo tiempo podía concentrarme en todo lo que había alrededor.

Nunca vi lo que producía el sonido. Sentí que la música celestial provenía de algo que estaba directamente encima de mí, pero no levanté la vista. No sé muy bien por qué. Quizá porque estaba muy enamorado de la gente que me rodeaba, o porque mis sentidos estaban tan deleitados que celebraba todo al mismo tiempo. No formulé preguntas ni me cuestionaba a mí mismo qué estaba pasando. Todo era perfecto. Percibí que lo sabía todo y no tenía nada que preguntar.

Millones de sonidos me llenaban la mente y el corazón de una manera que no puedo explicar. Sin embargo, el sonido más asombroso era el de las alas de los ángeles. No los veía, pero el sonido era una bella y santa música con una cadencia que parecía nunca acabar. Este sonido de viento resonaba como si fuera una forma de alabanza interminable. Al escucharlo sencillamente *sabía* lo que era.

Y hay otro sonido que hasta hoy permanece como el recuerdo más vívido y único de toda mi experiencia celestial. Lo tengo que llamar música, pero no era como nada que haya oído o espere oír en la tierra. Las melodías de alabanza llenaban la atmósfera. Esa intensidad continua y la variedad infinita me sobrecogían.

La alabanza nunca acababa, pero lo más notable para mí era que se cantaban cientos de canciones al mismo tiempo... todas adorando a Dios. Mientras me acercaba a la grande y magnificente puerta, los oí desde todas las direcciones y supe que cada voz alababa a Dios. Digo *voz*, pero era más que eso. Parte de ello parecía instrumental, pero no estaba seguro ni me importaba averiguarlo. Había alabanza por todas partes, y era toda musical, aunque distinguía melodías y tonos que nunca había oído antes.

«¡Aleluya!» «¡Alabado!» «¡Gloria a Dios!» «¡Alabado sea el Rey!» Esas palabras resonaban en medio de toda la música. No sé si las cantaban ángeles o seres humanos. Me sentía tan asombrado y absorto en el ánimo celestial que ni siquiera intenté averiguarlo. Mi corazón se llenó con el más profundo gozo que haya conocido. No participaba de la adoración pero sentía como si mi corazón resonara con el mismo tipo de gozo y exuberancia.

Si escucháramos tres discos de alabanza al mismo tiempo, tendríamos una cacofonía de ruido que nos volvería locos. Esto era totalmente distinto. Cada sonido se mezclaba con el otro, y cada voz o instrumento realzaba a los demás.

Aunque parezca extraño, podía distinguir con claridad cada canción. Sonaban como si cada himno de alabanza tuviera por intención que yo lo oyera mientras pasaba por el umbral de la puerta celestial.

Muchos de los viejos himnos y coros que había cantado en distintos momentos de mi vida formaban parte de la música, junto con cientos de canciones que nunca había oído antes. Himnos de alabanza, canciones más modernas, cánticos antiguos, todo esto llenaba mis oídos y me daba no solo una profunda paz sino la sensación de mayor gozo que haya experimentado jamás.

De pie ante la puerta no lo pensé, pero más tarde me di cuenta de que no oí canciones como «La vieja cruz» o «La mano perforada por clavos». Ninguno de esos himnos que llenaban el aire hablaban del sacrificio o la muerte de Jesús. No oí canciones tristes, e instintivamente supe que no hay canciones tristes en el cielo. ¿Por qué iba a haberlas? Todo era alabanza en torno al reinado de Cristo como Rey de reyes y a nuestra gozosa adoración por todo lo que ha hecho por nosotros y lo maravilloso que es.

Los tonos celestiales sobrepasaban a cualquier cosa conocida por mí. No podía calcular la cantidad de canciones —quizá miles— que se ofrecían simultáneamente, sin embargo, no había caos porque tenía la capacidad de oír cada una y discernir la letra y la melodía.

Me maravillé ante la gloriosa música. Aunque en mi vida nunca tuve buena voz, sabía que si cantaba mi voz sería perfecta y sonaría melodiosa y armoniosa, como los miles de voces e instrumentos que llenaban mis oídos.

Aun hoy, de vuelta en la tierra, a veces suelo oír débiles ecos de esa música. Cuando estoy sobre todo cansado y me acuesto en la cama con los ojos cerrados, a veces me duermo con el sonido del cielo que me llenan el corazón y la mente. No importa lo difícil que haya sido mi día, de inmediato la paz llena cada parte de mi ser. Sigo teniendo relámpagos mentales en los que revivo ciertos momentos, aunque son distintos de lo que usualmente llamamos destellos del pasado. Son como remembranzas de los sonidos, más que de lo que vi.

He pensado en el significado del recuerdo de la música y me parece curioso. Porque habría esperado que la experiencia más memorable fuera algo que vi, o el abrazo físico de un ser amado. Sin embargo, por encima de todo, atesoro esos sonidos y a veces pienso: *No puedo esperar para volver a oírlos... en persona.* Es lo que anhelo. Quiero verlos a todos, pero sé que estaré con ellos para siempre. Quiero vivir todo lo que el cielo ofrece, pero más que nada quiero oír otra vez esas canciones eternas.

Es obvio que no puedo saber en realidad cómo se siente Dios, pero encuentro gozo y consuelo al pensar que debe agradarle y bendecirle el continuo sonido de la alabanza.

En esos minutos —y no había sensación del tiempo para mí— otros me tocaban y sus cálidos abrazos eran absolutamente reales. Vi colores que jamás creí que pudieran existir. Nunca, nunca me sentí más vivo que entonces.

Estaba en casa. Aquí era a donde pertenecía. Quería estar allí más que en cualquier otro lugar de la tierra. El tiempo ya no existía y yo estaba sencillamente presente en el cielo. Se esfumó toda preocupación, ansiedad o incertidumbre. No necesitaba nada y me sentía perfecto.

Siento frustración al describir cómo era el cielo porque ni siquiera puedo acercarme a representar con palabras lo que vi, lo que oí, lo que sentí. Era perfecto y sabía que no tenía necesidad alguna ni la volvería a tener. Ni siquiera pensé en la tierra ni en quienes había dejado atrás.

No vi a Dios. Aunque sabía que Dios estaba allí nunca vi una imagen ni una luz que indicara su divina presencia. He oído de gente que cuenta que entró y salió por la puerta. Eso no me pasó. '

Solo veía una brillante iridiscencia. Espié por la puerta, al ansiar ver qué había detrás. No es que tuviera preocupación, pero sí tenía una serena disposición a experimentar toda la gracia y el gozo del cielo.

La única forma en que le encuentro sentido a esa parte de la experiencia es si pienso que si hubiera visto en realidad a Dios no habría querido volver jamás. Mi sensación ha sido que, una vez que entramos en verdad en la presencia de Dios, nunca querremos volver a la tierra, porque sería algo vacío y sin sentido en comparación.

Para mí, el solo hecho de llegar a la puerta fue asombroso. Un anticipo del gozo divino. Mis palabras son demasiado endebles como para describir lo que sucedió.

Como pastor muchas veces he estado al pie de muchos ataúdes en diversos funerales y dije: «Estar ausente del cuerpo es estar presente con el Señor y quienes lo aman y conocen». Creía en esas palabras antes. Y ahora creo en ellas aún más.

Después de un tiempo (estoy ahora usando términos humanos otra vez), comenzamos a avanzar juntos hacia la puerta. Nadie dijo que lo hiciéramos, pero yo sabía simplemente que Dios había enviado a todas esas personas para que me acompañaran a trasponer los portales del cielo.

Sobre las cabezas de mi comité de recepción había una enorme puerta en medio de un muro que se esfumaba a la vista en ambas direcciones. Me pareció que la entrada era pequeña en comparación con el muro tan enorme. Observé a lo lejos, pero no podía ver dónde terminaba el muro ni a un lado ni al otro. Miré hacia arriba, pero tampoco veía cuán alto era.

Una cosa sí me sorprendió: en la tierra, cada vez que pensaba en el cielo, anticipaba que un día vería una puerta hecha de perlas, porque la Biblia se refiere a ellas. La puerta no estaba hecha de perlas, pero era perlada e iridiscente. Es la única forma en que puedo describirla. Para mí parecía como si alguien hubiera pintado de perla una torta. La puerta brillaba y lanzaba destellos.

Me detuve y observé los gloriosos tonos y matices. La luminiscencia me encandilaba, y habría estado contento con solo quedarme allí. Pero avancé como si me acompañaran a entrar en la presencia de Dios.

Me detuve justo fuera de la puerta y pude ver hacia adentro. Era como una ciudad con calles pavimentadas. Para mi asombro, estaban construidas de oro. Si podemos imaginar una calle pavimentada con ladrillos de oro, es lo más cercano a la descripción de lo que vi del otro lado de la puerta.

Todo lo que vi brillaba con los colores más vívidos y radiantes que hayan visto mis ojos, tan potentes que ningún ser humano terrenal podría captar ese brillo.

En medio de esa escena tan poderosa, seguí avanzando un paso más y supuse que entraría. Mis amigos y parientes estaban todos delante de mí, llamándome, urgiéndome, invitándome a seguir.

Entonces la escena cambió. Solo puedo explicarlo diciendo que en lugar de estar delante de mí, estaban de repente junto a mí. Sentí que querían caminar a mi lado mientras pasaba por la puerta iridiscente.

Alguna gente me ha preguntado: «¿Cómo te movías? ¿Caminabas? ¿Flotabas?» No lo sé. Nada más me movía con la multitud de bienvenida. Al acercarnos a la puerta la música se hizo más fuerte y vívida todavía. Sería como caminar hacia un suceso glorioso después de oír y ver todo desde la distancia. Cuanto más nos acercábamos, más intenso, vivo e impresionante se hacía todo. Justo cuando llegué a la puerta, mis sentidos se despertaron aun más y me sentí feliz hasta el delirio.

Me detuve —no sé bien por qué— justo fuera de la puerta. Me apasionaba la idea, y quería entrar. Sabía que todo sería más excitante de lo que había vivido hasta ese momento. Y estaba a punto de concretar el anhelo de todo corazón humano. Estaba en el cielo, listo para pasar por el umbral de la puerta de perla iridiscente.

Durante esa pausa, algo más cambió. En lugar de nada más oír la música y los miles de voces alabando a Dios, ahora yo formaba parte del coro. Era uno de ellos, y me habían absorbido hacia su compañía. Había llegado a un lugar donde quería quedarme durante mucho tiempo. Me detuve a mirar antes de seguir.

Luego, tan repentinamente como había llegado a las puertas del cielo, las dejé.

4
DEL CIELO
A LA TIERRA

Aun si voy por valles tenebrosos,
 no temo peligro alguno
porque tú estás a mi lado;
 tu vara de pastor me reconforta.

Salmo 23:4

Los TEM me declararon muerto apenas llegaron a la escena del accidente. Afirmaron que había muerto al instante. Según el informe la colisión ocurrió a las once y cuarenta y cinco de la mañana. Los médicos estaban tan ocupados trabajando con las demás personas que no fue sino hasta casi la una y quince que se prepararon para moverme. Buscaron el pulso una vez más.

Seguía muerto.

La ley estatal indicaba que tenían que declararme muerto oficialmente antes de poder trasladar mi cuerpo de la escena del accidente. A menos que me declararan muerto, una ambulancia tendría que llevar mi cuerpo a un hospital. Ese condado no tenía médico forense, pero luego me enteré de que un juez de paz pudo declararme muerto y que pudieron mover mi cuerpo

Habían venido ambulancias de la prisión, el condado y Huntsville. De estas, todas menos una regresaron sin llevar pacientes. La última se estaba preparando para salir. A partir de los fragmentos de información que recibí, infiero que alguien había hecho arreglos para que un vehículo sin marcar llevara mi cuerpo a una funeraria.

Habían tenido que usar las Mandíbulas de la Vida[1] para sacarme del auto destrozado. Como estaba muerto, no parecía haber necesidad de apurarse. La mayor preocupación era despejar el puente para que pudiera volver a restablecerse el tránsito.

Cuando el camión llegó en ángulo y pasó justo por encima de mí, hundió el techo del auto y el tablero me aplastó la pierna derecha. Mi pierna izquierda estaba fracturada en dos lugares, entre el asiento del auto y el tablero. Mi brazo izquierdo, que quedó por encima de mi cabeza, estaba dislocado y echado hacia atrás, por encima del asiento. Apenas seguía unido a mi cuerpo.

Ese brazo izquierdo había estado apoyado sobre la puerta izquierda del lado del conductor, porque yo conducía con la mano derecha. Más tarde me enteré de que faltaban los huesos principales, por lo que mi antebrazo izquierdo era nada más que un trozo de carne que unía la mano al resto

Arriba: *El Ford Escort de Don después del accidente. Hubo que remover el techo para poder rescatar a Don, y volvieron a apoyarlo en su lugar cuando el auto llegó al tiradero.* Debajo: *La escena del accidente.*

del brazo. Lo mismo sucedía con la pierna izquierda. Había algo de tejido justo por encima de mi rodilla que seguía alimentando de sangre a la pantorrilla y el pie. Faltaban unos diez centímetros de fémur que nunca se encontraron. Los doctores no encuentran una explicación médica de por qué no me desangré por completo.

Había vidrio y sangre por todas partes. Tenía la cara llena de orificios, con esquirlas de vidrio. El volante se había incrustado en mi pecho. Me salía sangre por los ojos, los oídos y la nariz.

Con solo ver los resultados del accidente los TEM sabían que tendría severas lesiones en la cabeza y que mis órganos internos se habrían desplazado. Cuando no encontró mi puso, uno de los técnicos me cubrió con una lona impermeable que también tapaba la parte superior del auto. No intentaron moverme ni sacarme de allí de inmediato... no podrían hacerlo de todos modos porque les habría sido imposible arrastrarme o sacarme del vehículo sin las Mandíbulas de la Vida.

Una cosa que hizo que llegara pronto la ayuda fue que los dos guardias del correccional que iban en la camioneta llamaron de inmediato pidiendo asistencia de emergencia a la prisión. De otro modo, habríamos estado demasiado lejos para que cualquier vehículo de emergencia llegara con prontitud.

Examinaron a los conductores de los otros dos autos. Ambos estaban ilesos y se negaron a recibir asistencia médica. El prisionero que conducía el camión no tenía heridas. Apenas los TEM determinaron que estaba bien, lo transportaron de vuelta a la prisión. La policía cortó el tráfico del puente y esperaron a que llegara la ambulancia. Mientras esperaban, los vehículos se acumularon a lo largo de kilómetros a ambos lados, sobre todo del lado de donde había venido yo. Era un puente angosto de dos carriles, y no era lo suficiente ancho como para que un auto pudiera dar la vuelta. Aun si los autos que esperaban hubiesen podido dar la vuelta, tendrían que haber conducido unos ochenta o noventa kilómetros alrededor del lago para llegar a otra ruta que les condujera a su destino.

Desde el tráfico que estaba atascado, Dick y Anita Onerecker caminaron al menos ochocientos metros hasta la escena del accidente. Dick y Anita habían iniciado una iglesia en Klein, que está al norte de Houston. Ambos habían hablado en la conferencia a la que acababa de asistir. No estoy seguro de si nos encontramos en Trinity Pines, aunque quizá sí fuera así. Durante años había oído hablar de Dick Onerecker, pero en esa conferencia fue donde lo vi por primera vez.

El miércoles por la mañana los Onereckers dejaron Trinity Pines unos minutos antes que yo. Para la gente de Houston, esa mañana de enero era particularmente fría. Mientras avanzaban Anita dijo: «Tengo frío, ¿podríamos detenernos para tomar un café? Creo que eso me calentaría».

Dick vio una tienda de carnadas sobre el Lago Livingston, y entonces detuvo el auto. Al parecer yo pasé por allí mientras estaban comprando el café.

Muchas veces después Dick hundiría su rostro entre las manos y diría: «Sabes que podríamos haber sido nosotros. Tendríamos que haber sido nosotros, pero como nos detuvimos y tú pasaste por allí, te tocó a ti».

Antes de que los Onereckers llegaran al puente ya había ocurrido el accidente y el tráfico se había detenido. La gente salía de sus autos y se arremolinaba preguntando cosas y compartiendo la limitada información que tenían.

Después de que Dick y Anita salieran de su auto, preguntaron a los demás conductores: «¿Qué está pasando allí?»

Se había pasado la información de que había ocurrido un grave accidente automovilístico: «Un camión chocó contra un auto», era todo lo que podían decirse los unos a los otros.

Dick y Anita estuvieron allí durante unos minutos, pero no sucedía nada y seguían agregándose autos a la fila. En algún momento entre las doce y media y las doce y cuarenta y cinco decidieron caminar hasta el lugar del accidente. Cuando vieron a un oficial de la policía Dick dijo:

—Soy ministro. ¿Hay alguien allí a quien pueda ayudar? ¿Hay alguien por quien pueda orar?

El policía negó con la cabeza.

—La gente de esos dos autos —dijo señalando— está un poco asustada, pero están bien. Hábleles si quiere.

—¿Y qué hay del otro vehículo? ¿El que está cubierto con la lona?

—El hombre del auto rojo murió.

Mientras Dick hablaba con el oficial, Anita fue hacia los otros autos. Le dio su café, apenas tocado, al hombre mayor.

Dick luego lo contaba de este modo: «Dios me habló y dijo: "Tienes que orar por el hombre del auto rojo"». Dick era un destacado predicador bautista. Orar por un hombre muerto por cierto estaba en contra de su teología. *No puedo hacer eso*, pensó. *¿Cómo voy a ir allí a orar? El hombre está muerto.*

Ahora lloviznaba, pero Dick no prestaba atención alguna a su entorno. Miró al oficial, y supo que lo que iba a decir no tendría sentido para él. Pero Dios le habló con tal claridad que no había duda alguna sobre lo que tenía que hacer. El Señor le había dicho que orara por un hombre muerto. Aunque esto le parecía bizarro, Dick tampoco tenía dudas de que el Espíritu Santo le urgía a actuar.

—Me gustaría orar por el hombre del auto rojo —le dijo Dick al oficial por fin.

—Ya le dije. Está muerto.

—Sé que puede sonarle extraño, pero quiero orar por él de todos modos.

Con sonrisa socarrona, el oficial lo miró antes de responder:

—Bueno, qué va... si es lo que quiere hacer, hágalo. Pero tengo que decirle que lo que verá es horrible. Está muerto, y debajo de la lona hay un desastre total. Sangre y vidrios por todas partes, y el cuerpo está destrozado.

Dick tenía cuarenta años entonces, y dijo:

—En Vietnam fui enfermero, así que la idea de ver sangre no me molesta.

—Solo le advierto —dijo el hombre al hacer una pausa y encogerse de hombros.

Luego agregó:

—Haga lo que quiera, pero le digo que nunca he visto a alguien tan destrozado.

—Gracias —dijo Dick, y avanzó hacia el auto cubierto con la lona.

Por las fotos del auto destruido es casi imposible creer esto, pero Dick gateó para entrar en el baúl de mi Ford. El auto tenía un portón trasero, pero ya no importaba porque esa parte del vehículo había sido arrancada. Yo seguía cubierto con la lona, y él no la retiró, así que estaba muy oscuro dentro del auto. Dick gateó hasta llegar detrás de mí, se apoyó en el asiento trasero y puso su mano sobre mi hombro derecho.

Estaba orando por mí. Más tarde dijo: «Me sentí compelido a orar. No sabía quién era el hombre, ni si era creyente. Solo sabía que Dios me había mandado a orar por él».

Mientras Dick oraba, se emocionó mucho y lloró varias veces. Luego cantó. Él tiene una voz excelente y a menudo cantaba en público. Hizo varias pausas para cantar un himno y luego siguió orando.

Dick no solo creía que Dios le había llamado a orar por mí, sino que oró de forma bien específica que fuera librado de las lesiones que no se veían, al referirse a lesiones cerebrales e internas.

Suena raro, porque Dick sabía que yo estaba muerto. Se lo había dicho el oficial de policía, pero además, él había tratado de encontrar el pulso. No tenía idea de por qué oró como lo hizo, excepto porque Dios se lo dijo. No oró por las lesiones que veía, sino porque sanaran los daños internos. Dijo que oró la oración más apasionada, ferviente y emocional de su vida. Más tarde supe que Dick es un hombre muy emotivo de todos modos.

Luego comenzó a cantar otra vez: «¿Vive el hombre desprovisto de consuelo y protección? Es porque no tiene dicho todo a Dios en oración».[2] Lo único que sé personalmente con certeza de todo este suceso es que cuando cantó el bendito himno antiguo «Oh, qué amigo nos es Cristo», comencé a cantar con él.

En ese primer momento de conciencia supe dos cosas. Primero, que estaba cantando —un canto distinto al de los sonidos del cielo— y oía mi propia voz, y luego me di cuenta de que alguien más cantaba conmigo.

La segunda cosa que supe fue que alguien estaba tomándome la mano. Era una mano fuerte, potente, la primera sensación física que tuve a mi regreso a la vida terrenal.

Pasó más de un año antes de que pudiera entender la importancia y el significado de esa mano que aferraba la mía.

5
DE LA TIERRA
AL HOSPITAL

Antes bien, anhelaban una patria mejor, es decir, la celestial.
Por lo tanto, Dios no se avergonzó de ser llamado su Dios,
y les preparó una ciudad.

HEBREOS 11:16

No estoy seguro de cuál es el récord mundial para salir de un auto destrozado, pero Dick Onerecker tiene que haber roto el récord ese miércoles por la tarde. Cuando el muerto comenzó a cantar con él, Dick salió como pudo de entre los hierros retorcidos y corrió hacia el TEM que más cerca estaba.

—¡Está vivo! ¡No murió! ¡Ese hombre está vivo!

¿Quién le habría creído? Era un predicador que oraba por un hombre muerto durante una hora y media. Entonces cruzó la calle corriendo y gritó:

—¡Ese hombre a vuelto a la vida!

El técnico lo miró boquiabierto.

—¡Está vivo! El muerto comenzó a cantar conmigo.

Al pensar en lo que acababa de decir Dick notó que parecía no tener sentido, pero descubrió que solo podía repetir:

—¡Está cantando! ¡Está vivo!

—¿Ah, sí? No me diga... —dijo el paramédico.

—Estoy hablando en serio. El hombre está vivo.

—Somos profesionales. Sabemos cuándo alguien está muerto y cuándo no. El tipo está *muerto*.

—Les digo que acaba de cantar conmigo. Está vivo.

—Ya llega el juez de paz —le informó el paramédico, y explicó que aunque sabían que estaba muerto nadie podía mover mi cuerpo hasta que una autoridad declarara oficialmente que había fallecido—. Pero sí puedo decirle esto: Está muerto.

El hombre se alejó de Dick y se negó a venir hacia mi auto. Varias ambulancias habían llegado y ya se habían ido.

Dick avanzó hasta donde estaba la ambulancia que quedaba y le dijo al conductor:

—Ese hombre está vivo. Vayan a verlo.

El TEM lo trató como si estuviera habituado a lidiar con locos todo el tiempo.

—Por favor. Sabemos bien lo que hacemos. El hombre está...

—¡Escúcheme! Me voy a acostar sobre el piso de este puente, y si usted no viene a ver al hombre, tendrá que pasar sobre mi cuerpo.

—Está muerto.

—Entonces hágalo por seguirme la corriente. Solo tómele el pulso —rogó Dick.

—Está bien. Lo haremos por usted —murmuró el hombre con desgano. Se acercó al auto, levantó la lona y buscó mi brazo derecho. Y descubrió que tenía pulso.

Todos comenzaron entonces a actuar a toda velocidad. Primero intentaron estudiar cómo sacarme de allí. Podrían haberme sacado por uno de los lados, pero eso implicaba que perdería la pierna izquierda. No había lugar entre el tablero, la pierna y el asiento, por lo que la única solución habría sido amputar. De todos modos la pierna pendía casi de un colgajo de piel. No estoy seguro de que hubiesen podido liberar mi pierna derecha tampoco. El caso era que aunque hubieran podido sacarme sin usar el equipo, tendrían que haber dejado parte de mí en el auto, así que decidieron esperar a que llegara el equipo adecuado. Llamaron por teléfono a Huntsville, que estaba a unos cincuenta kilómetros de allí, y pidieron las Mandíbulas de la Vida. Estoy seguro de que hicieron todo lo posible por mí, pero no recuerdo nada. Permanecí ligeramente consciente de que a mi alrededor se movía gente, que me tocaban y hablaban. Oía voces pero no entendía lo que decían. Dick se negó a dejarme. Se ubicó otra vez detrás de mí, arrodillado dentro del auto, y siguió orando hasta que llegaron las Mandíbulas de la Vida. Solo cuando me pusieron en la ambulancia se apartó de mi lado. Cuando los paramédicos me levantaron recuerdo que eran muchas personas, al menos seis o siete. Y cuando me movían los oía hablar de mi pierna. Alguien dijo que había que tener cuidado de que no se desprendiera.

Mi sistema estaba en shock, así que no sentía dolor. Por lo menos no en ese momento.

Después sí sentí dolor.

Me pusieron sobre una camilla y empezaron a empujarla hacia la ambulancia. Una fina llovizna me mojaba la cara y no veía nada más que la infraestructura del puente. No podía mover la cabeza. Oía gente caminando y ruido de vidrios aplastados bajo sus zapatos. Hablaban en voz baja, por lo que me costaba entender lo que decían.

Recuerdo haber pensado: *Aquí pasó algo terrible, y creo que me pasó a mí.* Aunque sabía que me estaban llevando a la ambulancia, sentía que mi cuerpo no pesaba nada.

No recuerdo nada del viaje en la ambulancia, pero luego me dijeron que fuimos a dos hospitales, ambos poco más que clínicas rurales.

—No hay nada que podamos hacer por él —oí decir a un médico que me revisó—. No lo logrará. Lo habrán sacado vivo del auto, pero de nada servirá. No hay esperanzas para este hombre.

Me volvieron a poner en la ambulancia y partieron otra vez. Recuerdo vagamente cuando se detuvieron en el Hospital Huntsville, un centro médico regional bastante grande. Eran como las dos y media de la tarde.

Para ese momento las autoridades le habían avisado a mi esposa Eva. Ella es maestra de escuela, y alguien llamo para avisarle del accidente. Alguien más llamó a las escuelas a las que asistían nuestros tres hijos. Un miembro de la iglesia se ocupó de ir a buscarlos y cuidarlos hasta que supieran de Eva.

Nadie sabía entonces que yo había muerto horas antes. Durante las primeras horas después de mi regreso a la tierra, no tenían idea de lo graves que eran mis lesiones. Aunque no sabían los detalles, la gente de la iglesia empezó a orar por mi recuperación. Y se comunicaron con otros para que se les unieran.

Eva se enteró de que yo había muerto por Dick Onerecker casi dos semanas después del accidente, durante una de las visitas de Dick al hospital. Entonces pudo entender lo grave que había sido todo. También para ese momento nuestro agente de seguros, Ann Dillman, miembro de la iglesia de South Park, había traído fotografías del accidente después de que quitaran el auto del puente. Eva dice que pasó cierto tiempo antes de que pudiera entender en realidad lo terrible que había sido el choque. Comenta que quizá no prestaba atención a las malas noticias adrede, porque estaba intentando concentrarse en lo inmediato.

Nuestros hijos, otros miembros de la familia y nuestros amigos comenzaron entonces a deducir lo horrendo del accidente y lo cerca que estuve de no sobrevivir.

Uno de los paramédicos dijo:

—Estamos aquí ahora. Estará bien.

Supe que me estaban llevando al interior del hospital. Miré sin entender a una cantidad de personas que se apartaban para dejar pasar a la camilla mientras observaban. Vi sus rostros y nuestras miradas se cruzaban por una fracción de segundo a medida que la camilla avanzaba.

Me llevaron a una sala donde había un médico que esperaba. Es raro, pero lo único que recuerdo del doctor que me revisó es que era calvo. Se tardó bastante en revisarme.

—Sr. Piper, haremos todo lo posible por salvarlo —dijo unas tres veces—. Está gravemente herido, pero haremos todo lo que podamos.

A pesar de sus palabras, luego supe que no esperaba que sobreviviera. Pero hizo todo lo que pudo por darme esperanzas y alentarme a luchar para seguir viviendo. A mi alrededor había gente moviéndose. Era obvio que estaban intentando salvarme la vida, pero yo todavía no sentía dolor. Era como si viviera en un estado intermedio donde no sentía nada y solo tenía una vaga conciencia de lo que pasaba alrededor de mí.

—Su esposa está al teléfono —dijo alguien. Pasaron la comunicación al teléfono de la sala de emergencias. Una enfermera puso el auricular al lado de mi oreja y recuerdo haber hablado con Eva, pero no lo que nos dijimos.

Eva recuerda toda la conversación. Según ella, lo único que dije fue:

—Siento lo que pasó.

—Está bien, Don. No es culpa tuya.

Yo repetía una y otra vez:

—Lo siento. Solo quería volver a casa. Llévame a casa por favor.

De un modo casi infantil, supongo que lo que quería era, si no podía estar en mi hogar celestial, al menos volver a mi hogar terrenal.

─❧─

Estaba lo suficiente consciente como para saber que querían transportarme en un helicóptero de salvamento al Hospital Hermann de Houston, que tenía un Centro de Trauma. Pero determinaron que no hacía buen tiempo y las nubes estaban demasiado bajas, así que el helicóptero no podría volar.

Mi condición empeoraba muy rápido, y no sabían si sobreviviría a esa tarde. A pesar de ello el equipo médico tomó una decisión importante: resolvieron volver a ponerme en la ambulancia para recorrer los cien kilómetros hasta Houston. No tenían las instalaciones ni los servicios adecuados para atenderme. El Hospital Hermann era el único lugar para mí si quería tener posibilidades de sobrevivir.

Trajeron otra ambulancia. Es asombroso que aunque me encontraba tan gravemente herido —pensaban que podía «expirar» en cualquier momento— estuviera conciente de los detalles menores, como el olor de la ambulancia, en especial el olor a pintura nueva.

—Es nuestro primer paciente —dijo el asistente cuando partimos.

—¿Qué?

—Que es la primera persona que llevamos en esta ambulancia —respondió—. Lo llevaremos a Houston tan rápido como podamos.

—¿A qué velocidad voy? —preguntó el conductor al asistente que iba a mi lado.

—Tan rápido como puedas.

—¿Y qué velocidad es esa? —preguntó otra vez el conductor.

—¡Pisa el acelerador a fondo! Tenemos que llegar ya mismo.

Antes de que iniciáramos el viaje todavía no había sentido dolor. Perdía y recuperaba la conciencia. Sentía que no tenía peso, como si mi mente no se conectara con mi cuerpo. Sin embargo, unos diez minutos más tarde comencé a sentir un leve dolor punzante. Al principio era un dolorcito en mi brazo izquierdo. Luego un dolor en mi pierna izquierda. Después comenzó a dolerme la cabeza. En pocos minutos me dolían tantas cosas que no podía diferenciar el origen del dolor. Todo mi cuerpo gemía en agonía y gritaba pidiendo alivio. Mi organismo se sintió invadido por toda la fuerza del trauma. Sentía como si cada centímetro de mi cuerpo hubiera sido lastimado, azotado, golpeado. No podía pensar siquiera en algún lugar que no clamara por el dolor. Creo que grité, pero no estoy seguro. Con cada latido de mi corazón sentía que estaban moliéndome el cuerpo a mazazos.

—¡Hagan algo, por favor! ¡Por favor! —rogué al fin. Eso sí lo recuerdo—. Denme una medicina, algo que...

—Le he dado todo lo que podía darle.

—¿No puede darme ya nada más? —no entendía lo que quería decir. Si me habían medicado ¿por qué me dolía tanto? —Por favor...

—No puedo dejarlo inconsciente —dijo el asistente—. Tiene que permanecer despierto.

—Por favor, algo para...

No entendía para qué querían que permaneciera despierto. Si me drogaban, el dolor desaparecería.

—Por favor —volví a rogarle.

—Lo siento. De veras lo siento, pero no puedo darle nada más. Ya le hemos dado lo suficiente como para que cualquier otra persona quedara en coma. Usted es corpulento, pero no puedo dejarlo inconsciente.

Estoy seguro de que sollocé, gemí y hasta grité varias veces durante el resto del viaje, el cual fue una tortura. El vehículo se movía, y la sirena aullaba todo el tiempo. Fue el viaje más doloroso de mi vida. Una pesadilla.

Aún hoy cierro los ojos y siento cómo la ambulancia vibraba y daba contra la banquina de la ruta al tomar las curvas.

Uno de los paramédicos dijo algo de la hora pico, del tráfico intenso, así que supuse que serían las cinco. De momento, me pregunté cómo podían haber pasado tantas horas.

El viaje pareció interminable, aunque creo que varias veces me desmayé a causa del dolor. Finalmente llegamos a la sala de emergencias del Hospital Hermann de Houston.

Eran las seis y veinte. Habían pasado seis horas y media desde el accidente. Para cuando llegué al hospital de Houston había miles de personas orando. Se había difundido la noticia de casa en casa, y de iglesia en iglesia. Cientos de congregaciones oraban por mi recuperación. Durante los siguientes días, la noticia siguió esparciéndose y cada vez había más gente orando. A lo largo de los años he conocido a muchos de los que le pidieron a Dios que me salvara la vida. Quizá alguno de los que está leyendo este libro oró por mi supervivencia y recuperación. Solo puedo añadir que las oraciones fueron eficaces. Sobreviví y sigo vivo.

Cuando los paramédicos levantaron mi camilla para sacarla de la ambulancia vi el rostro de Eva. Junto a ella estaba un diácono de nuestra iglesia. Sentí que miraban a un cachorrito perdido, tan patético habrá sido mi aspecto. Estaban asombrados, boquiabiertos, pero no decían nada.

Eva me miró. Hasta entonces yo tenía solo una vaga conciencia de lo que pasaba con mi cuerpo. El dolor no se iba pero todavía no había calculado que había estado en un accidente y que a causa del mismo estaba muriendo.

Al ver su rostro reconocí la angustia y la preocupación en su mirada. Es probable que dijera algo para intentar consolarme. No lo sé. Lo que sí recuerdo es que percibí su dolor y el temor que sentía porque muriera.

Entonces supe que estaba en verdad grave. Y así era. Mi pecho ya estaba de color púrpura, y los paramédicos habían vendado casi la totalidad de mi cuerpo. Tenía esquirlas de vidrio en el rostro, el pecho y la cabeza. Tenía conciencia de que habían caído algunos pedacitos de vidrio de mi piel a la camilla, justo al lado de mi cabeza.

Nadie necesitó decirme que me veía horrible. Quien me conociera no me habría reconocido. Me pregunté cómo Eva pudo saber que era yo.

No había medida para mi dolor. Una vez dentro del centro de trauma una enfermera me inyectó morfina... y más tarde me aplicaron algunas inyecciones más. Nada me ayudaba. Nada me quitaba el dolor

Poco después de llegar a Hermann me enviaron a la sala de cirugía, donde permanecí durante once horas. Anestesiado, por fin no sentí dolor.

Nuestro querido amigo Cliff McArdle se quedó valientemente con Eva durante la noche. Cliff, mi mejor amigo David Gentiles y yo habíamos sido amigos de ministerio desde que nos graduamos en el seminario, y seguimos siendo muy amigos hoy.

Para cuando recuperé la conciencia, ya era el jueves por la mañana. Al abrir los ojos, de alguna manera supe que me había convertido en el primer paciente de una nueva unidad de cuidados intensivos (UCI). Una enfermera me limpiaba las heridas, mientras otra me ponía en la tracción. Sentía que ponía varillas entre mi tobillo y mi brazo. Me oí gritar.

—Le hicimos una resonancia magnética —dijo el médico. Hasta entonces no me había dado cuenta de que estaba en la habitación—. Está gravemente herido, pero la buena noticia es que no hay lesiones en la cabeza ni el tórax.

No me importaba dónde estaban mis heridas. Me dolía todo de un modo terrible. Más de lo que creía humanamente posible.

Solo quería que me aliviaran.

~~~

Cuando Dick Onerecker vino a verme dos semanas después del accidente acababan de pasarme de la unidad de cuidados intensivos a una sala del hospital. Me contó que Dios le había dicho que orara por mí y que lo había hecho durante varios minutos.

—La mejor noticia es que no hay daño cerebral ni lesiones internas —dije.

Dick dijo con una risita:

—Por supuesto que no. Es lo que Dios me dijo que pidiera en oración, y él respondió.

—¿Eso creíste? ¿Creíste que Dios respondería a esa oración?

—Así es. Sabía que a pesar de todas tus lesiones Dios respondería a mi oración.

Me tomó unos minutos absorber lo que me decía. Por la fuerza e intensidad del impacto debía haber tenido lesiones internas. Hasta el médico había comentado —con asombro— que no tenía lesiones cerebrales ni torácicas.

—Te diré algo —le contesté—. Sé que tenía lesiones internas, pero en algún punto entre el puente y este hospital ya no las tuve.

Las lágrimas corrían por las mejillas de Dick cuando me dijo:

—Lo sé. Ojalá pudiera orar de esa manera todo el tiempo.

6
COMIENZA LA
RECUPERACIÓN

Ésta es la confianza que tenemos al acercarnos a Dios:
que si pedimos conforme a su voluntad, él nos oye. Y si
sabemos que Dios oye todas nuestras oraciones, podemos
estar seguros de que ya tenemos lo que le hemos pedido.

1 Juan 5:14-15

El dolor se convirtió en mi constante compañero. Durante mucho tiempo no supe lo que era que no me doliera todo el cuerpo.

A pesar de eso, a los pocos días del accidente empecé a darme cuenta de cuántos milagros habían ocurrido. Me refiero a ellos como milagros, aunque habrá quien los llame circunstancias afortunadas, porque creo que no hay accidentes ni sorpresas con Dios.

Primero, llevaba puesto el cinturón de seguridad. Con vergüenza admito que no me había «molestado» en usarlo hasta que me multaron. Esa mañana me ajusté el cinturón de forma consciente.

Segundo, el accidente había ocurrido sobre el puente. ¿Qué hubiera sucedido si ocurría en la ruta sobre el lago, mientras me dirigía al puente? Mi auto habría caído por lo menos a diez metros de profundidad y me hubiera ahogado.

Tercero, no tenía lesiones en la cabeza. Quien me veía o leía el informe médico decía que era imposible que no hubiera daño cerebral. (Eva sigue bromeando al respecto y dice que no está tan segura de eso.) Por sorprendente que le pareciera a todos los doctores, el accidente no afectó ninguno de mis órganos internos. Ese hecho desafiaba toda explicación médica.

Cuarto, el cirujano traumatólogo, Dr. Tom Greider, que estaba de guardia ese día en el Hospital Hermann, me salvó la pierna. El Dr. Greider «de casualidad» es uno de los pocos expertos en los Estados Unidos que se ocupa de este tipo de traumas. Decidió usar un procedimiento bastante nuevo y experimental llamado marco de Ilizarov. Realizó la cirugía una semana después del accidente. El Ilizarov implantado no solo me salvó la pierna sino que les permitió alargar el hueso de mi pierna izquierda, ya que había perdido unos diez centímetros de fémur en el accidente. El fémur es el hueso más grande del cuerpo humano, y bastante difícil de romper.

Cuando el Dr. Greider me revisó, tuvo que tomar una decisión. Podía usar el marco Ilizarov o amputar. Y aunque decidió usar el marco no había garantías de que no perdiera la pierna. En realidad, en ese momento ni siquiera estaba seguro de que soportaría el procedimiento. Un médico con menos experiencia y compromiso quizá hubiera amputado suponiendo que no habría gran diferencia porque iba a morir de todos modos.

Quinto, la gente oró por mí. Tengo miles de tarjetas, cartas y mensajes con oraciones, algunos de personas que no conozco desde lugares en los que jamás estuve, las cuales oraron por mí porque se enteraron del accidente. Desde entonces mucha gente me dice que esta experiencia cambió su vida de oración y su creencia en el poder de la oración.

La noche que ingresé en el Centro de Trauma Hermann estuve durante once horas en la sala de operaciones. Durante la cirugía me volvieron a colocar en su lugar el hueso fracturado de mi pierna derecha. Tuvieron que estabilizar mi antebrazo izquierdo porque faltaban cuatro centímetros de cada uno de los huesos. Pusieron mi pierna izquierda en tracción porque faltaban diez centímetros de fémur. Y por error durante la cirugía insertaron un tubo del respirador en mi estómago, que hizo que éste se inflara y se desinflaran los pulmones. Transcurrieron varios días antes de que se dieran cuenta de cuál era la causa de mi estómago hinchado. Además de complicarme la respiración, no me podían elevar y esto me produjo neumonía. Casi muero por segunda vez.

A causa de los muchos moretones y la severidad de mis heridas obvias, los médicos casi no sabían por dónde empezar. Otros problemas menos serios aparecieron semanas más tarde. Pasaron varios años antes de que descubrieran la fractura de pelvis que en ese momento no pudieron ver.

Yo yacía en la cama, con agujas por todas partes, incapaz de moverme, dependiendo del respirador y el aparato de monitoreo. Casi no podía ver por encima de la máscara de oxígeno. Durante la mayor parte de mi tiempo en la UCI perdía y recuperaba la conciencia. A veces despertaba, veía gente de pie frente a mi cama y me preguntaba: *¿Estoy en realidad aquí, o lo estoy imaginando?*

Estaba rodeado de aparatos y monitores, y un oxímetro de pulso en mi dedo daba cuenta de mi nivel de oxígeno. Como no recibía suficiente oxígeno la alarma se disparaba con frecuencia y las enfermeras acudían corriendo a mi habitación.

La UCI de Herman está cerca de la plataforma para que aterricen los helicópteros, y a toda hora del día se les oía llegar y despegar. Cuando estaba despierto creía que estaba en una película de Vietnam. No había relojes en la habitación, así que no tenía idea del tiempo.

Había otras personas en camas cercanas a la mía, y la única separación era una cortina. Más de una vez desperté y vi a los enfermeros u ordenanzas retirar una camilla con un cuerpo cubierto por una sábana. Como pastor, sabía que mucha gente no sale viva de la UCI.

¿Será mi turno ya?, me preguntaba.

Aunque lo pregunté, el dolor impedía que me importara. Lo único que quería era no sentir dolor, y la muerte habría sido una respuesta rápida. Había experimentado el cielo, regresado a la tierra, y luego sufrido lo más parecido al infierno en la tierra. Pasaría mucho tiempo antes de que cambiara mi condición o mi actitud.

Los días y noches estaban llenos de sonidos de pesadilla. Gemidos, gritos, llantos que interrumpían mi descanso y me devolvían a la realidad. Una enfermera se acercaba y preguntaba:

—¿Puedo hacer algo por usted?

—¿De qué habla? —preguntaba yo. A veces me quedaba mirándola, incapaz de entender por qué lo preguntaba.

—Parece como si sintiera mucho dolor.

Sí, así es, pensaba yo. Y luego preguntaba:

—¿Cómo lo sabe?

—Porque gritó.

En ese momento me di cuenta de que a veces el que gritaba era yo. Esos gemidos o gritos surgían cuando hacía algo tan simple como intentar mover la mano o la pierna. Fue horrible vivir en la UCI. Estaban haciendo todo lo que podían pero el dolor no cesaba jamás.

—Dios, ¿para esto volví? —grité muchas veces—. ¿Me trajiste de regreso a la tierra para esto?

Mi condición seguía empeorando. Tenía que estar acostado boca arriba, bien plano porque me faltaba el hueso en la pierna izquierda. (Nunca encontraron el hueso. Según parece cayó al lago cuando mi pierna quedó aplastada entre el asiento y el tablero.) Al tener que estar en esa posición mis pulmones se llenaban de líquido.

Como todavía no se habían dado cuenta de que tenía colapsados los pulmones, las enfermeras y los terapeutas intentaban obligarme a respirar en una bolsa de plástico con un dispositivo llamado espirómetro, para así mejorar mi capacidad pulmonar.

Al sexto día llamaron del hospital a mi familia para que vinieran a verme. Tenía neumonía doble y no pensaban que pudiera resistir esa noche.

Había sobrevivido a las lesiones del accidente, y ahora iba a morir de neumonía.

Mi médico llamó a Eva.

—Tenemos que hacer algo —le dijo—. O tenemos que amputar la pierna o hacer algo más drástico.

—¿Qué tan drástico?

—Si no hacemos algo, tu esposo no estará vivo mañana por la mañana.

Ahí fue cuando el milagro de la oración comenzó a obrar en verdad. Cientos de personas habían estado orando por mí desde que se enteraron del accidente, y yo lo sabía. Pero en ese momento parecía que nada había cambiado demasiado.

Eva llamó a mi mejor amigo, David Gentiles, pastor en San Antonio.

—Por favor, ven a ver a Don. Te necesita —le dijo.

Sin dudarlo mi amigo canceló todo y subió a su auto. Condujo casi trescientos cincuenta kilómetros para venir a verme. Las enfermeras le permitieron entrar a la UCI solo cinco minutos.

Esos cinco minutos cambiaron mi vida.

Nunca tomé esta decisión de forma consciente, pero tendido allí con poca esperanza de recuperación —nadie había sugerido que iba a volver a la normalidad— no quería vivir. No solo tenía que soportar el agudo dolor que no cesaba jamás, sino que había estado en el cielo. Quería volver a ese glorioso lugar de perfección.

—Llévame de vuelta, Dios —oraba—. Por favor, quiero ir otra vez.

Mi mente estaba llena de recuerdos del cielo y anhelaba volver a estar delante de esa puerta.

—Por favor, Dios.

La respuesta de Dios a esa oración fue «no».

Cuando David entró en mi habitación me sentía desorientado a causa del dolor y la medicación. Al principio estaba tan desconectado de la realidad que debí convencer a mi mente de que era real, que estaba allí. *¿Es una alucinación?*, me preguntaba.

En ese momento David me tocó los dedos y lo sentí. Sí, era real.

Tomó mis dedos porque era lo único que podía tocar. Tenía tantas intravenosas que mis venas habían colapsado. Tenía una línea principal que entraba en mi pecho, directo al corazón. Pensaba en mis intravenosas como en soldados alineados. Y hasta tenía algunas en las venas de los empeines de mis pies. Miraba y me daba cuenta de que habían tenido que ponerlas allí porque ya no tenían otro lugar.

—Vas a salir adelante —dijo David—. Tienes que hacerlo. Ya llegaste hasta aquí.

—No tengo que salir adelante. No estoy seguro... yo... no estoy seguro de querer hacerlo.

—Tienes que hacerlo. Si no lo haces por ti, hazlo por nosotros.

—Ya no tengo combustible —dije—. Hice todo lo que pude. Di todo de mí. Ya no tengo más para dar.

Hice una pausa para recuperar el aliento porque esas dos oraciones habían agotado mi energía de forma terrible.

—Tienes que lograrlo. No te dejaremos ir.

—Si lo logro, será porque todos ustedes lo quieren. Yo no lo quiero. Estoy cansado. Ya luché todo lo que pude y estoy dispuesto a morir.

—Bueno. Entonces no hagas nada. Lo haremos todo nosotros.

No entendí, y miré la intensidad de su rostro.

—No dejaremos que mueras. Eso lo entiendes, ¿verdad? No te dejaremos bajar los brazos.

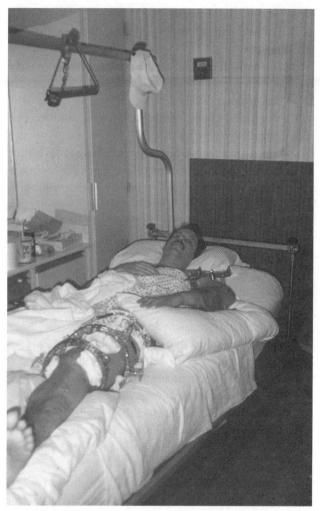

Don, con el dispositivo Ilizarov para hacer crecer el hueso.

—Nada más déjenme ir.

—No. Vas a vivir. ¿Oyes eso? Vas a vivir. No permitiremos que mueras.

—Si vivo —dije al fin—, será porque ustedes quieren eso.

—Vamos a orar —dijo.

Claro, yo sabía que ya habían estado orando muchas personas, pero él agregó:

—Vamos a orar toda la noche. Voy a llamar a todos los que conozco que pueden orar. Quiero que sepas que los que te amamos vamos a estar despiertos toda la noche orando por ti.

—Está bien.

—Lo haremos por ti, Don. Tú no tienes que hacer nada.

No me importaba si oraban o no. Me dolía tanto todo. No quería vivir.

—Desde ahora nos encargamos nosotros. No tienes que hacer nada, ni una sola cosa, por sobrevivir. Lo único que tienes que hacer es estar ahí acostado y dejar que suceda. Vamos a orar para que salgas de esto.

Me habló con calma durante un minuto o dos. No creo haberle dicho nada más. El dolor se intensificó —como si eso fuera posible— y ya no me dejaba concentrar en nada.

—Nos ocuparemos nosotros.

David me besó en la frente y salió de la sala.

Entonces hicieron una vigilia. Una vigilia de oración que marcó un punto de inflexión en mi tratamiento y otra serie de milagros.

La neumonía había desaparecido al día siguiente. Las oraciones la hicieron irse. Y los médicos descubrieron el error con el tubo del respirador.

Al séptimo día, en otra larga cirugía, el Dr. Reidor instaló el dispositivo Ilizarov para que pudiera sentarme y recibir tratamiento respiratorio.

También desinflaron mi estómago, lo que permitió que se inflaran mis pulmones.

De forma habitual los hospitales requieren seis meses de consejería antes de que autoricen el uso del marco de Ilizarov. En mi caso los médicos no podían darle a Eva garantías de que este procedimiento experimental funcionaría. También le dijeron que el uso de este dispositivo me causaría mucho dolor físico y tensión emocional y psicológica. Y lo peor de todo era que le advirtieron que aun después de pasar por todo eso, quizá perdiera la pierna de todos modos.

—Esto es extremadamente doloroso y lleva meses, hasta años quizá, de recuperación —le dijo el cirujano a Eva. Y le recordó de nuevo que podía suceder lo peor: podría perder la pierna.

—Sin embargo, si no vamos por este camino no tenemos otra opción más que amputar —añadió.

Le explicó con calma que si amputaban me podrían una prótesis y tendría que aprender a caminar con ella.

Eva no se había engañado en cuanto a la gravedad y extensión de mis lesiones, ni en cuanto al tiempo que tendría que soportar esos terribles dolores. Evaluó los pro y los contra durante unos minutos y luego oró en silencio pidiendo guía:

—Firmaré el formulario de consentimiento —dijo al fin.

~⧽⧾~

A la mañana siguiente cuando desperté de otra operación de doce horas miré lo que parecía ser un bulto enorme debajo de las sábanas donde debía estar mi pierna. Cuando levanté la sábana, lo que vi me dejó sin aliento. Sobre mi pierna izquierda había un enorme marco de acero que iba desde la cadera hasta por debajo de la rodilla. Entró una enfermera y comenzó a hacerle cosas a mi pierna, pero yo no podía determinar qué con exactitud.

Me di cuenta de que Eva estaba sentada junto a mi cama.

—¿Qué es eso? —pregunté— ¿Qué está haciendo ella?

—Tenemos que hablar —me dijo—. Es algo para lo que di mi consentimiento ayer. Es un dispositivo que hará crecer el hueso. Se llama fijador. Es la única oportunidad que tienen los médicos de salvarte la pierna —dijo—. Y creo que vale la pena correr el riesgo.

No estoy seguro de haber respondido siquiera. ¿Qué podía decir? Ella había decidido lo que creía mejor, y lo había tenido que decidir sola.

Entonces vi que salían alambres del dispositivo.

—¿Esos alambres atraviesan mi pierna?

—Sí.

Sacudí la cabeza en señal de incomprensión.

—¿*Atraviesan* mi pierna?

—Es una técnica nueva. Están intentando salvarte la pierna.

No pude comentar nada al respecto. Asentí e intenté relajarme.

—Creo que funcionará —dijo ella.

Yo esperaba que tuviera razón. No sabía que un año más tarde seguiría mirando este dispositivo fijamente.

7
DECISIONES Y DESAFÍOS

¿Quién nos apartará del amor de Cristo? ¿La tribulación, o la angustia, la persecución, el hambre, la indigencia, el peligro, o la violencia? Así está escrito: «Por tu causa nos vemos amenazados de muerte todo el día; nos tratan como a ovejas destinadas al matadero».

ROMANOS 8:35-36

Una de las cosas que más difíciles me resultaron —además del dolor físico— fue ver la reacción de mis familiares y amigos cercanos. Mis padres viven en Louisiana, a unos cuatrocientos kilómetros de Houston, pero llegaron el día después de mi primera cirugía. Mi madre es una mujer fuerte y siempre pensé que podía con cualquier cosa. Pero entró en la UCI, me miró, y luego se desmayó. Papá tuvo que sostenerla y llevarla afuera.

Su colapso hizo que me diera cuenta de que me veía desastroso.

La mayor parte de esos primeros días sigue siendo una nebulosa para mí. No estaba seguro de que me estuvieran visitando o que tuviera alucinaciones. Por lo que Eva y las enfermeras me dijeron, deliraba con frecuencia.

El hospital permitía que vinieran a verme todos los días, pero con restricciones en cuanto a la cantidad de personas y el tiempo. Aunque no dijeran nada, sus miradas tristes y de compasión me hacían entender con claridad cómo se sentían. Y digo «con claridad» porque sé cómo los percibía. Al mirar en retrospectiva pienso que quizá estuviera equivocado. Sospecho que estaba tan seguro de que iba a morir —y quería tanto morir— que veía en sus ojos lo que yo sentía con respecto a mí mismo.

Fuera así o no, sentía que miraban a un cuerpo destrozado, y no a una persona viva, y que a pesar de sus palabras de consuelo y apoyo esperaban que muriese en cualquier momento. Me preguntaba si habían venido a despedirse antes de que cerrara los ojos para siempre.

Aunque ya no tenía neumonía, hubo secuelas. Las enfermeras venían cada cuatro horas para darme tratamiento de terapia respiratoria. Me golpeaban el pecho y me obligaban a respirar por una boquilla de plástico una cosa asquerosa y de un olor horrible, que se suponía tenía que recubrir el interior de mis pulmones. Este tratamiento impediría que se repitiera la neumonía y ayudaría a mis pulmones a recuperarse. Despertaba y veía gente que entraba, y pensaba: *Oh, no, otra vez. Van a hacerme respirar esa cosa tan desagradable y a golpearme, para tratar de soltar la flema.* El tratamiento fue doloroso, pero eficaz. El Dr. Houchins, jefe del equipo de trauma del Hospital Hermann, venía varias veces al día. Lo que pudiera faltarle al Dr. Houchins en simpatía lo compensaba con su determinación firme de no perder a ninguno de sus pacientes.

Exigía que respirara:

—No renuncie ahora. No renuncie. Siga intentándolo.

No se trataba nada más que de sus palabras, sino que —a pesar de que estaba muy enfermo— sentía que él peleaba a mi lado.

—No se dé por vencido. Siga intentándolo.

A menudo no tenía energía para respirar y dejaba de esforzarme.

Veía una expresión de pesar en su rostro, y luego cómo sus facciones se contraían, al demostrar la intensidad de su frustración:

—¿Me oyó? ¡Hágalo ahora! ¡Respire y tosa! ¡Hágalo!

Yo negaba con la cabeza. Ya no tenía más fuerzas para nada.

—Esto no admite discusión. ¡Hágalo ahora! ¡Respire!

—No puedo.

—Bueno, muy bien. No lo haga. Está muerto. Si no lo hace morirá. ¿Puede entender eso?

No quería vivir, pero algo sucedía cuando él me gritaba así.

Respiraba.

Al poco tiempo el personal encontró el modo de elevar mi pierna para que pudiera sentarme. El solo hecho de poder hacerlo era un gran paso adelante. No pensaba que podría volver a acostarme de lado o boca bajo alguna vez en mi vida.

Una vez mientras estaba todavía en la UCI me pareció que cada vez que abría los ojos y pestañeaba, alguien ponía delante de mi boca una cuchara con comida, a unos diez centímetros de distancia.

—Abra la boca.

En una ocasión era la voz de un hombre.

Abrí los ojos y miré. Quien sostenía la cuchara era un hombre robusto. Me levantó la máscara de oxígeno y empujó con suavidad la cuchara hacia el interior de mi boca.

—Eso es. Un bocado nada más.

Obedecí y tragué mientras mi mente obnubilada trataba de entender qué estaba sucediendo.

Poco a poco me di cuenta de que era la voz de Stan Mauldin, el jefe de los entrenadores de fútbol y director atlético del equipo de los Yellow Jacket de la secundaria Alvin. Nuestra hija viviría con Stan y Suzan y sus dos hijos durante mi convalecencia. El entrenador Mauldin había oído que debido a que no quería comer estaba perdiendo peso muy rápido. (Aunque había perdido solo unos kilogramos en ese momento, en mis primeras seis semanas en el hospital perdí unos veinticinco kilogramos en total.)

Apenas Stan se enteró de la situación buscó tiempo en su ocupada agenda para venir al Hospital Hermann. No vino a visitarme nada más. Les pidió a las enfermeras que le dieran mi comida, y permaneció junto a mi cama hasta que desperté.

Cuando vio que estaba despierto, me hizo comer y me habló mientras me esforzaba por masticar y escuchar. Ese gentil acto de sacrificio de un hombre tan grande como un oso fue una de las acciones más amables que vi durante mi recuperación. Stan es un ejemplo de fuerza y ternura combinadas en una persona excepcional.

He mencionado el marco de Ilizarov, que puede haber sonado como un procedimiento común. Pero está lejos de eso. Eva tuvo que decidir algo que nadie debería tener que decidir a solas. Tuvo que resolver si permitiría que me sometieran al proceso Ilizarov, entonces en etapa de experimentación todavía.

Al inicio el dispositivo se usaba para extender las piernas. Lo inventaron para ayudar a las personas que tienen una pierna más corta que la otra desde su nacimiento —a veces la diferencia es de hasta unos treinta centímetros— y que tienen que usar sillas de ruedas, andadores o muletas. El marco de Ilizarov obliga al hueso de la pierna a crecer mientras mantiene intacto el tejido que lo rodea. El cuerpo puede formar hueso nuevo en respuesta a la fuerza mecánica del dispositivo de Ilizarov.

Es lo que se llama un fijador externo. Lo inventó un médico siberiano llamado Ilizarov.

El Dr. Ilizarov experimentó en ovejas para encontrar la forma de hacer crecer el hueso faltante o alargar los huesos congénitamente cortos. Para los casos como el mío, en que falta hueso, la aplicación implica fracturar el miembro con un corte limpio. Luego se ponen alambres, parecidos a las cuerdas de un piano, atravesando la piel y el hueso para que salgan por el otro lado.

El dispositivo de Ilizarov para fémur se ancla a la cadera con varillas del tamaño de un lápiz. Los médicos taladraron agujeros para insertar cuatro varillas desde mi pelvis hasta el costado de mi cadera izquierda. Cuando terminaron, tenía al menos treinta agujeros en mi pierna izquierda. Muchos de estos orificios traspasaban la pierna de un lado al otro. Los más grandes llegaban solo hasta la carne, y las varillas se insertaron hasta la pelvis. Después de unos seis meses podía ver dentro de mi pierna los extremos de las varillas.

Todos los días venía alguien y giraba los tornillos del dispositivo Ilizarov para alargar los huesos. Casi siempre lo hacían los enfermeros y enfermeras. Después que dejé el hospital lo hacía Eva. Durante casi un año mi fémur izquierdo crecería, reemplazando la porción faltante. Este es un dispositivo ingenioso, aunque extremadamente doloroso y que requiere de una recuperación ardua y muy larga. Yo decía que era «horriblemente maravilloso».

También insertaron seis varillas en la parte superior de mi brazo izquierdo, atravesándolo. Y barras de acero inoxidable por encima y debajo del brazo para estabilizarlo porque faltaban los dos huesos del antebrazo. Las varillas eran del tamaño de un lápiz y le permitían al Dr. Greidor tomar hueso de mi pelvis derecha y ubicarlo en mi antebrazo izquierdo. Me explicó que el procedimiento sería parecido al de tomar muestras cuando se perfora buscando petróleo. También tomaron unos ochenta centímetros cuadrados de piel de mi pierna derecha para ponerlos sobre la enorme herida de mi brazo izquierdo. Implantaron una tira de Teflón entre los huesos recién construidos de mi antebrazo para evitar que se adhirieran entre sí, de modo que crecieran pero no pegados el uno al otro.

Para mi desdicha esa parte de la técnica no funcionó, porque los huesos sanaron pero se pegaron entre sí. Por eso no puedo hacer movimientos de supinación ni pronación con mi brazo izquierdo, el mismo no se endereza desde el codo y no puedo voltear las manos palmas arriba o palmas abajo. Cuando extiendo la mano queda siempre en posición como de saludar estrechándola. No puedo voltearla ni a la derecha ni a la izquierda. Sé que suena como algo muy malo, y en ese momento era lo que sentía. Sin embargo, como el Ilizarov, funciona.

Sí, el dispositivo Ilizarov funcionó... fue también el proceso más doloroso que soporté como parte de mi recuperación.

El acero inoxidable del Ilizarov que tenía en la pierna pesaba unos dieciséis kilogramos, y el fijador externo de mi brazo quizá pesara unos diez kilogramos más. Cuando estaba en la silla de ruedas (durante unos ocho meses), en el andador (tres meses más), y luego cuando usaba las muletas (cuatro meses más), cargué con todo ese peso adicional durante casi un año.

¿Puede imaginar cómo me miraba la gente dondequiera que iba? Todos quedaban impresionados al ver a un hombre en una silla de ruedas, con varillas de acero que sobresalían de diversas partes de su cuerpo.

Casi todas las veces que iba al consultorio del Dr. Greider en mi silla de ruedas la reacción de los demás pacientes era la misma. Aunque todos tenían yesos o arneses, o andaban con muletas, sus miradas iban directo a todas mis varillas y halos. Entonces, de forma invariable, había alguien que decía en un tono sardónico: «¡Vaya! ¡Y pensar que creí que yo estaba muy mal!» En ocasiones, algunos agregaban algo así como: «Después de verlo a usted, me siento mejor».

Durante mucho tiempo fui la norma según la cual se juzgaba el dolor de las lesiones.

¡Muchas veces bromeé diciendo que a causa de toda esta «estructura metálica» si en el futuro un arqueólogo encontrara mi cuerpo pensaría que había descubierto una nueva especie! Toda mi anatomía estaba rearmada.

Nunca más daré por sentada la capacidad física por simple que sea. Durante mi recuperación hasta el movimiento más sencillo era un milagro. Cada vez que volvía a aprender a hacer algo era un logro.

Fue más tarde que entendí lo mucho que se había esforzado el Dr. Greider para encontrar el modo de salvarme la pierna y el brazo izquierdos. Siempre le estaré agradecido porque no se dio por vencido.

Mi rodilla derecha había quedado aplastada y durante bastante tiempo usé un yeso. Pusieron una malla con forma de canastillo sobre la rótula para que sanara. Mi brazo derecho fue el único miembro que no tuvo fracturas.

Aun con el éxito del dispositivo de Ilizarov, nunca estaba un momento siquiera sin sentir dolor.

No sé cuántas veces pregunté: «¿Cuánto falta?» Quería saber cuánto tiempo más tendría que llevar el dispositivo, cuánto faltaba para que supieran si funcionaba, y cuánto tendría que esperar para poder caminar de nuevo.

Nadie me daba una respuesta. No podían. Sin embargo, seguía preguntando de todos modos.

—Unos meses más —me decían por lo general.

—Pero ¿cuántos? —insistía yo.

Uno de los médicos por fin me dijo:

—Muchos meses, y quizá más que eso.

—¿Unos años, tal vez?

—Sí, posiblemente años.

—¿Y hay garantías de que no perderé esos miembros?

—No hay garantías. Si tiene una infección es posible que tengamos que amputarle la pierna.

—O sea que ¿quizá soporte esto durante meses y de todas formas tengan que amputármela?

Asintió.

Era obvio que esto no era lo que quería oír. Y aunque Eva me había dicho lo mismo, yo lo negaba. Seguía buscando garantías de una total recuperación.

Quería respuestas, pero quizá más que eso también. Deseaba que me aseguraran que todo saldría bien. Anhelaba volver a ser normal. Ansiaba poder caminar, salir del hospital sobre mis dos piernas y volver a mi vida de siempre. Nadie podía —ni quería— darme tal seguridad.

Pasaron muchos meses, pero un día sí volví al hospital y abracé a todas esas enfermeras.

Mientras estuve con el dispositivo Ilizarov también hubo otros problemas. En varias ocasiones tuve infecciones. Y cada vez me enfrentaba a la realidad de que si la infección se esparcía por mi cuerpo despertaría sin mi pierna.

También tuve infecciones después que salí del hospital. Tuvieron que volver a hospitalizarme tres veces para ponerme en una sala de aislamiento donde me trataron con cantidades masivas de antibióticos.

Y aun entonces muchas noches oraba: *Dios, llévame de vuelta al cielo. No sé por qué me trajiste a la tierra de regreso. Por favor no me dejes aquí.*

Pero Dios seguía respondiendo con un «no».

No conozco todavía todas las razones, pero en los meses y años subsiguientes, poco a poco entendí al menos algunas de las razones por las que había regresado a la tierra.

─ ⌒⌒ ─

El proceso de sanidad se había iniciado. Allí, día tras día en la cama del hospital, fui reconociendo de forma gradual que Dios me había enviado de regreso. No podía saber bien por qué tenía que soportar el sufrimiento físico, pero pensaba todo el tiempo en las palabras de David Gentiles. Él y otros habían clamado en oración para que yo viviera. Ya que Dios les había respondido, tenía que haber un propósito para que siguiera vivo.

A lo largo de los días de intensa agonía recordaba las palabras de David. A veces el sentido de que Dios tenía un propósito para que viviera era todo lo que me sostenía.

Estuve en la UCI de Hermann durante doce días. Luego estuve cuatro o cinco días en el Hospital Hermann antes de que me transfirieran al Hospital de St. Luke, en la misma calle. Ambos hospitales forman parte del centro médico más grande del mundo. Permanecí en St. Lukes durante ciento cinco días. Ya en casa, estuve en cama durante trece meses y pasé por treinta y cuatro cirugías. Sin duda sigo vivo porque hubo gente que oró por mí, comenzando por Dick Onerecker y otras personas de todo el país, algunas de las cuales jamás conocí.

Ese es quizá el milagro más grande: *Que la gente oró y que Dios honró sus oraciones.*

Al mirar hacia atrás veo que Dios usó a muchas personas para salvarme. Dick Onerecker salvó mi vida con su continua oración. El Dr. Greider salvó mi pierna y mi brazo y me sacó adelante con esa cirugía inicial. El Dr. Houchins salvó mi vida después de la cirugía a causa de su determinación, parecida a la de un buldog, de mantenerme vivo. Las valientes enfermeras del piso de traumatología del Hospital St. Luke me cuidaron día y noche. Cada una de estas personas desempeño un rol vital.

Atribuyo mi salida con vida de la UCI a las oraciones de David Gentiles y los demás: «Nosotros nos encargamos a partir de aquí. No tienes que hacer nada por sobrevivir. Oraremos y te sacaremos adelante».

Supe que no moriría.

El pueblo de Dios no me lo permitiría.

8
DOLOR Y ADAPTACIÓN

Así que no temas, porque yo estoy contigo; no te angus-
ties, porque yo soy tu Dios. Te fortaleceré y te ayudaré; te
sostendré con mi diestra victoriosa.

Isaías 41:10

Aunque no se daban cuenta, las visitas empeoraban mi
situación. Me querían y deseaban también expresar su
afecto. Y como me querían, hacían la cosa más natural
del mundo: visitarme en el hospital. Ese era el problema.

El ir y venir constante me agotaba. No podía quedarme
allí acostado nada más y dejar que se sentaran o me hablaran.
Quizá necesitaba funcionar en mi rol de pastor, o es probable que sintiera que tenía la obligación de entretenerlos. No
quería herir sus sentimientos al pedirle que no vinieran o se
fueran pronto.

Muchas veces sonreí y conversé con las visitas cuando en realidad lo único que quería era desmayarme. Había ocasiones en que el intenso dolor me hacía imposible la tarea de ser buen anfitrión, pero igual intentaba ser amable. Seguía recordando que me querían y que habían hecho un esfuerzo para venir a verme.

Con mis amigos, familiares y los miembros de la iglesia, parecía que hubiera una larga fila desde la puerta del hospital a la de mi habitación. Eva entró una tarde y vio que las visitas me perturbaban. Me reprendió por permitirlo.

Creo que pensaba que no le diría a nadie que no volviera, por lo que les pidió a los enfermeros y enfermeras que restringieran la cantidad de visitas permitidas. No impidió las visitas del todo, pero el tránsito de personas que entraban y salían de mi habitación disminuyó.

Además del dolor y la gente que entraba y salía, vivía sumido en una depresión. Gran parte de ello puede haber sido el resultado natural del trauma físico, y en parte también mi reacción a las drogas. Sin embargo, pienso que debido a que me enfrentaba a un resultado desconocido seguía sintiendo que no tenía demasiado futuro por delante. Y la mayor parte del tiempo no quería estar vivo.

¿Para qué me habían traído de regreso de un cielo perfecto a una vida llena de dolor aquí en la tierra? Por mucho que lo intentara no podía disfrutar de la vida. Quería volver al cielo.

El dolor ha llegado a ser una forma de vida para mí desde el accidente, como seguramente le ha sucedido a muchos. Es curioso que podamos aprender a vivir bajo tales condiciones. Aun hoy, en las raras ocasiones en que yazgo en la cama por las mañanas luego de haber tenido una buena noche, de repente me doy cuenta de que no me duele nada. Y ahí recuerdo entonces que vivo en dolor continuo las otras veintitrés horas y cincuenta y cinco minutos de cada día.

⌒⌒

Me llevó un tiempo darme cuenta de lo mucho que estaban afectadas mis emociones a causa de mi situación.

Oraba, y otros oraban conmigo, pero me invadía una sensación de desesperanza. «¿Vale la pena todo esto?», preguntaba varias veces al día.

Los médicos y el personal de enfermería seguían intentando suministrarme medicamentos contra la depresión, pero yo me negaba. No sé muy bien por qué. Quizá porque ya estaba demasiado lleno de remedios y no quería más. Además, no creía que la medicina me sirviera. Deseaba liberarme de mi miserable existencia y morir. Era evidente que no me sentía equipado para enfrentar todo esto. Ahora sé que era un caso típico de la persona depresiva que aparece en los libros de texto.

Y pronto todos los demás se enteraron del asunto.

—¿Querría usted conversar con un psiquiatra? —me preguntó mi médico.

—No —dije.

Unos días después una de las enfermeras preguntó:

—¿Quiere que llame a un terapeuta? ¿Alguien con quien pueda conversar?

Le di la misma respuesta.

Como no quería hablar con nadie, comenzaron a llegar personas a mi habitación a las que llamé «loqueros clandestinos».

—Veo que ha tenido un accidente muy grave —dijo un psiquiatra de incógnito después de leer mi historia clínica.

Luego intentó lograr que le dijera cómo me sentía.

—No quiero hablar del accidente —le dije.

Y en verdad no quería. ¿Cómo podía explicarle a alguien lo que me había pasado durante los noventa minutos en que había estado lejos de esta tierra? ¿Cómo encontrar palabras para expresar lo inexpresable? No sabía cómo explicar que literalmente había ido al cielo. Estaba seguro de que si empezaba a decir algo así, dirían que estaba loco. El psiquiatra pensaría que había algo mal en mi mente, que tenía alucinaciones o necesitaba drogas más potentes para que no delirara. ¿Cómo expresar con palabras que había tenido la experiencia más gozosa y poderosa de mi vida? ¿Cómo podría sonar racional al decir que prefería morir? Sabía lo que vendría después de esta vida, pero el psiquiatra no podía saberlo.

No tenía intención de hablar con un psiquiatra (ni con nadie más) sobre lo que me había sucedido. Veía esa experiencia como algo demasiado íntimo, demasiado intenso como para compartirlo. Y aunque Eva y yo tenemos una relación muy estrecha, ni siquiera pude decírselo en ese momento.

Es que mi ida al cielo había sido algo demasiado sagrado, demasiado especial. Sentía que si hablaba de mis noventa minutos en el cielo estaría ensuciando esos momentos preciosos. Jamás dudé ni cuestioné que mi viaje al cielo hubiera sido real. Eso nunca se me ocurrió ni me molestó. Todo había sido muy vívido y real. No podía negarlo. No, el problema era que no quería compartir esa poderosa experiencia con nadie.

Esto no impidió que los psiquiatras vinieran a mi habitación para intentar ayudarme. Después de un par de veces ya no me decían que eran psiquiatras. Ahora parece gracioso, pero los psiquiatras del hospital estaban decididos a ayudarme. Y después de que me negué a hablarles, entraban en mi habitación de incógnito y me observaban. A veces lo hacían cuando una de las enfermeras estaba trabajando conmigo. Otras veces entraban, miraban mi historia clínica y no decían nada, y entonces yo suponía que estaban esperando a que iniciara la conversación.

Muchas veces entraban y decían algo así como:

—Soy el Dr. Jones.

Y nada más que eso. Quizá me tomaban el pulso o preguntaban:

—¿Cómo se siente del estómago?

Entonces el psiquiatra de turno miraba mi historia y hacía las preguntas pertinentes. Luego de un rato delataba su intención preguntando:

—¿Cómo se siente hoy?

—Igual que siempre.

—¿Y cómo se siente en realidad con respecto a todo esto?

No importa qué variaciones intentaran, siempre terminaban preguntando cómo me sentía en *realidad*.

—Usted es psiquiatra, ¿verdad? —preguntaba yo.

—Eehh... bueno, sí.

—De acuerdo, ¿qué quiere saber? ¿Quiere saber si estoy deprimido? Sí, estoy muy deprimido. Y no quiero hablar de eso.

Las conversaciones seguían, pero he borrado de mi mente casi todas. Aunque sabía que el Dr. Jones y los demás estaban intentando ayudarme, no creía que hubiera esperanza alguna. Detestaba estar deprimido pero no sabía qué hacer al respecto.

Cuanto más tiempo pasaba en cama, tanto más me convencía de que no había nada para mí en el futuro. El cielo había sido algo perfecto... tan bello y gozoso que quería librarme del dolor y volver allí.

«¿Por qué querría alguien quedarse aquí después de vivir el cielo?», le preguntaba a Dios. «Por favor, por favor, llévame otra vez».

No morí, y no me recuperaba de mi depresión.

No es que me negara a hablar con los psiquiatras nada más. Me negaba a hablar con todos. Sobre cualquier tema. Si hubiera sido por mí, no importaba si alguien me visitaba o no... o al menos eso decía para mis adentros.

En mi depresión simplemente quería estar solo para poder morir en soledad sin que nadie me resucitara.

Y tenía también el orgullo suficiente como profesional y como pastor para no querer que nadie viera lo mal que estaba. Y no hablo solo de lo físico. Tampoco quería que supiesen de mi desastroso estado emocional.

Cuando venía la gente a verme, por supuesto, sus palabras y miradas me hacían sentir como si dijeran: «Eres la cosa más lamentable que haya visto jamás».

Supongo que lo era.

Y así la depresión continuaba. Pasaría mucho tiempo antes de que Dios me concediera otro milagro.

~ ও্ও ~

Era padre de tres niños y esposo de una mujer maravillosa. Y hasta el momento del accidente había sido un hombre con un gran futuro. Tenía treinta y ocho años cuando el incidente ocurrió, y hasta ese día rebosaba salud y me encontraba en excelente estado físico. A los pocos días de mi accidente supe que jamás volvería a ser ese hombre viril y saludable. Ahora era un completo inútil. No podía hacer nada por mí mismo, ni siquiera levantar la mano. Muy dentro de mí, temía que quedara inútil para el resto de mi vida.

Como ejemplo de mi inutilidad diré que no había tenido movimientos intestinales durante los primeros doce días en el hospital. Sabiendo que podía entrar en un estado infeccioso, me pusieron un enema, pero no sirvió de mucho.

Digo «no sirvió de mucho» porque apenas evacuaba por poco que fuera, la enfermera o la asistente sonreían como deleitadas.

Un día pude lograr una cantidad exigua: «¡Oh! ¡Qué bueno! ¡Es muy bueno para usted! Esperemos. Quizá haya más».

En mi depresión pensaba: *Esta es la experiencia más penosa de mi vida. Me siento como si fuera un bebé, y todo el mundo se entusiasma si evacuaba, aunque sea algo mínimo.*

No recuerdo qué le dije a la asistente, pero estoy seguro de que no fue algo agradable.

La pobre mujer salió de la habitación. Era en una de esas raras ocasiones en que no había visitas. Estaba solo por completo, y me alegraba de estar en silencio, en paz.

Minutos después de que saliera la enfermera, el enema hizo efecto.

Exploté. Tuve el movimiento intestinal más grande de mi vida. Y el olor era nauseabundo.

Lleno de pánico, intenté con los dedos llegar al botón de llamada. Y segundos más tarde la joven asistente entró corriendo.

—Lo lamento. No fue mi intención hacer esto. La ayudaré a limpiar.

Apenas dije eso me percaté de que no podía ayudarla. Me sentí terrible, inútil, asqueroso y despreciable.

Me puse a llorar.

—No, no, no. No se preocupe. Estamos contentos de que haya podido evacuar sus intestinos. Es algo bueno porque significa que su sistema está empezando a funcionar de nuevo.

Humillado, solo podía permanecer allí y mirar a la pobre mujer que cambiaba toda la ropa de cama. Le debe haber tomado al menos media hora limpiar todo eso, y al menos el doble de tiempo hubo un olor asqueroso en la habitación.

Sentía una vergüenza enorme, aunque mi mente intentaba convencerme de lo contrario. Apenas había comido en doce días, y esto era un avance. Pero yo solo podía pensar en que era uno de los sucesos más vergonzosos de mi vida.

Aunque este episodio me pareciera terrible, me esperaban experiencias más feas y humillantes, que me hacían sentir avergonzado e inútil. Necesitaba usar un orinal. No podía limpiarme. No me podía afeitar. No podía lavarme el cabello. Tenían que traer unas palanganas especiales para que apoyara la cabeza y luego echaban agua sobre mi cabello, la cual iba a un desagüe que daba a un recipiente. Y en otro acto de increíble amabilidad, Carol Benefield, quien me había cortado el cabello durante años, vino varias veces a hacerlo mientras estuve confinado en la cama. Carol no aceptaba dinero alguno por esto, aunque debía viajar ochenta kilómetros de ida y vuelta.

Mis amigos, mi familia y el personal del hospital encontraban maneras de satisfacer todas mis necesidades físicas, pero yo solo podía pensar en que era un completo inútil. Mi brazo derecho, el único que no se había fracturado, tenía tantas vías intravenosas que tuvieron que entablillármelo para que no lo doblara.

Tenía vías intravenosas por todas partes. Entraban por mi pecho y por los empeines de mis pies. Habían colocado una sonda principal directo a mi corazón. Muchas de mis venas colapsaban. Me encontraba tan incapacitado que tenían que levantarme de la cama con cadenas y poleas para cambiar las sábanas o hacer cualquier cosa que implicara moverme.

Estaba perdiendo peso a un ritmo alarmante, y esto preocupaba a los doctores. No podía comer nada, y estaba sufriendo de atrofia. Durante los casi cuatro meses que estuve en el hospital perdí unos treinta kilogramos. Antes del accidente pesaba cien kilogramos, y salí con menos de setenta. La única forma en que podían determinar cuánto pesaba era poniéndome en una eslinga, como si fuera un bebé, para levantarme de la cama y pesarme. Intentaban persuadirme para que comiera, y me tentaban preparando mis comidas preferidas, pero nada me sabía bien. El solo aroma de la comida me provocaba náuseas. No tenía apetito. Intentaba comer, de veras lo intentaba, pero no podía tragar más que unos pocos bocados.

Supuse que la depresión me impedía comer, aunque no sé si esa era la causa. Lo que sí sé es que cuando lo intentaba no lograba obligarme a mí mismo a masticar. No quería siquiera tragar.

Me colocaron una bomba de morfina que llamaban PC. Cuando en realidad me dolía mucho pulsaba un botón para que ingresara la medicación. Tenía que estar constantemente medicado contra el dolor. Al principio intenté resistirme a los analgésicos pero el médico me lo reprochó. Dijo que mi cuerpo se tensaba a causa del dolor y que esto retardaría mi recuperación.

Por la noche me daban medicamentos adicionales para intentar que durmiera. Y digo *intentar* porque no funcionaba. Nada de lo que hicieran me hacía dormir, ni las píldoras, ni las inyecciones, ni la morfina adicional. No había forma en que pudiera sentirme cómodo, o aliviado siquiera, al punto de poder relajarme.

He intentado explicarlo diciéndolo de este modo: «Imagínate acostado en la cama, con varillas que te atraviesan los brazos, alambres que te atraviesan las piernas, y yaciendo de espaldas. No puedes voltearte. En realidad, mover tu hombro siquiera unos centímetros es imposible a menos que extiendas tu mano y te tomes de una cosa que parece un trapecio que cuelga por encima de tu cabeza. Hasta el esfuerzo de moverte unos milímetros hace que sientas cuchillazos de dolor en todo el cuerpo. Estás inmóvil por completo».

Como me salieron llagas y escaras en la espalda por estar en la misma posición durante tanto tiempo el hospital al fin me dio una cama especial de agua que se movía constantemente. Eso terminó con las llagas y escaras.

Las únicas veces que dejaba la habitación era cuando me llevaban a tomarme radiografías, lo cual era siempre una aventura. A causa de todas las partes metálicas y el equipo que llevaba encima, el procedimiento de tomarme radiografías se complicaba. Tres o cuatro hombres vestidos con chalecos de plomo en la sala de rayos X sostenían lentes y placas detrás de mis miembros enjaulados en acero, porque no había ninguna máquina diseñada para radiografiar algo así.

Esto significaba también que había días en que pasaba dos o tres horas en la sala de rayos X mientras lo técnicos intentaban ver cómo tomar la imagen para que los médicos viesen si los huesos se estaban soldando. No tenían precedentes de casos como el mío.

Cuando alguien venía para llevarme a la sala de rayos, siempre decían: «Vamos de paseo por el corredor».

Era lo único que podían decir, porque yo sabía lo que significaba. Para distraerme mientras la camilla recorría los largos corredores jugaba a conectar los puntos en la cubierta del cielorraso. Esto comenzó el día que regresé de la primera cirugía. Quizá estuviera teniendo alucinaciones, pero recuerdo que la UCI era nueva y yo era el único paciente. Cuando me llevaron adentro gemía, no podía dejar de hacerlo. Entonces vi la cubierta del cielorraso, y mientras la miraba, me parecía que las secciones se unían y formaban un patrón que no podía entender. En mi mente comencé a formar imágenes y diseños con estos puntos. Al hacerlo también pensaba: *Estoy volviéndome completamente loco*.

Pero lo hacía de todos modos. Con el tiempo, conectar los puntos se convirtió en una forma de entretenimiento que me permitía concentrarme, aunque fuera por un momento, en algo que no fuera el dolor.

El peor tormento diario era cuando las enfermeras limpiaban los orificios por donde entraban los alambres en mi piel. Todas las enfermeras que me atendían en el piso de traumatología, el piso 21 del Hospital St. Luke, tuvieron que aprender a limpiar estos orificios. Debido a que había que impedir que la piel se adhiriera al alambre, tenían que separar la piel cuando se pegaba, y esto sucedía a cada rato. Entonces, la enfermera tenía que echar a presión agua oxigenada por el orificio para evitar que hubiese infección. No podía pensar en nada peor que esto, y sucedía día a día.

Y esto no era todo. Cuatro veces al día, cada seis horas, hacían girar con una llave Allen los tornillos del aparato. La idea era que con eso se estirarían los extremos de los huesos de la pierna y a la larga causaría que el hueso que crecía reemplazara al hueso faltante. Esto dolía más de lo que puedo describir, aunque cada giro era leve, menos de medio milímetro. No importaba si era de día o de noche, cada seis horas alguien venía a mi habitación a girar los tornillos.

Como pastor había visitado las salas de los hospitales muchas veces, incluyendo la unidad de cuidados intensivos. Había visto la agonía en varios rostros, y muchas veces mi gesto se contraía de compasión por el que sufría. Aun así, no podía imaginar nada más doloroso que esto que me hacían día a día.

Quizá lo peor fuera que jamás dormía. Durante once meses y medio nunca dormí. Solo me desmayaba. Incluso con megadosis de morfina nunca dejaba de sentir dolor. Cuando decidían que era hora de ponerme a dormir una enfermera me daba tres o cuatro inyecciones de morfina u otra medicina para conciliar el sueño. Yo permanecía allí en la cama, y aunque me propusiera relajarme no podía. Luchaba contra el dolor y luego al parecer me desmayaba. Cuando recuperaba la conciencia lo único que sentía era un intenso dolor. No había paso intermedio.

Con el tiempo mis familiares y hasta el personal del hospital me dejaron tranquilo, porque se dieron cuenta de que mi reloj biológico no funcionaba. No tenía sentido del tiempo y no podía relajarme porque estaba bajo una tensión extrema. Si hacía el más mínimo esfuerzo por moverme, uno de los alambres incrustados en mi carne me rasgaba la piel en el punto de entrada. Yo podía moverme, pero los alambres no. Con el movimiento más leve, terribles punzadas de dolor me recorrían el cuerpo entero.

Después de un tiempo aprendí a vivir con esa situación, aunque jamás me acostumbré.

La primera persona a la que «conocí» (nunca nos vimos en persona) en quien usaron el dispositivo Ilizarov para su propósito original fue Christy. El procedimiento de Ilizarov se creó para alargar los huesos de las personas nacidas con defectos congénitos. Sin embargo, este dispositivo no podía colocarse hasta que los huesos dejaran de crecer. En especial durante la adolescencia los huesos crecen muy rápido, con lo cual los médicos deben elegir con cuidado el momento para el procedimiento.

Christy, una adolescente, estaba en la habitación contigua a la mía. Había nacido con una pierna más corta que la otra. Cuando sus huesos estaban maduros ya, decidió que le hicieran la cirugía para colocarle el marco de Ilizarov de modo que los huesos se le alargaran y tuviera las dos piernas del mismo tamaño.

Como la cirugía de Christy había sido por elección tenía cierta idea del dolor y la larga recuperación posterior. Durante meses había estado yendo a un consejero y su familia había aprendido a limpiar las heridas. También sabían aproximadamente cuánto tiempo llevaría y conocían el compromiso que implicaba cuidar de ella.

La diferencia entre Christy y yo estaba en que ella sabía en qué se estaba metiendo... al menos en lo posible. Yo desperté con el dispositivo ya colocado. En mi estado depresivo, esto me hizo sentir todavía peor. Aunque sabía que me habían colocado el marco de Ilizarov para salvarme la pierna, solo lo veía como el origen más grande de toda mi agonía.

Luego surgió otro problema, aunque menor. A pesar de que teníamos doctores diferentes, el mismo personal acudía a ambas habitaciones a girar los tornillos. A veces guardaban mal las llaves, y el asistente no las encontraba en mi habitación, por lo cual debían ir a la de Christy para buscarlas. O venían y tomaban prestadas las mías. Afortunadamente para ambos nuestros fijadores eran intercambiables, y se podían tomar prestadas las llaves de una habitación para usarlas en la otra.

Así es como me enteré del caso de Christy, por las llaves prestadas. Nunca nos vimos cara a cara, pero veíamos cada uno al médico del otro, y de algún modo esto —sumado a nuestro problema en común— creó un vínculo entre nosotros.

También compartíamos otra cosa: el dolor. Muchas veces la oí gritar. No llorar, sino gritar de dolor, o simplemente gemir. Quizá ella oyera sonidos similares provenientes de mi habitación. Yo no era propenso a gritar. Una de las enfermeras sugirió que quizá sería mejor que gritara. Aunque puede ser que tuviera razón nunca lo hice... al menos no de forma consciente.

Cuando tenía control de mis facultades nunca gritaba. Había oído a otros gritar de dolor y sus gritos me perturbaban mucho. También había aprendido a guardarme mis emociones y penas. Creía que los gemidos, gritos y llanto no servían de nada. Las únicas veces que grité fue cuando estaba inconsciente o muy medicado. Supe de estos estallidos porque me lo contaron.

Aunque Christy y yo nunca nos vimos durante las doce semanas en que fuimos vecinos de cuarto nos enviábamos cartas y las enfermeras de buena gana hacían de cartero. Intenté alentar a Christy. Ella me contó su historia y se mostraba compasiva ante mi accidente. También era creyente. Así que nuestra relación era además a ese nivel.

Sin embargo, en algunos de mis peores momentos de autocompasión pensaba que cuando terminara todo ese dolor Christy sería una joven normal, en tanto yo jamás volvería a ser como antes. Ella podría correr, jugar y hacer todo lo que hace cualquier adolescente. Y aun entonces yo ya sabía que jamás volvería a correr.

Hubo muchos, muchísimos momentos de autocompasión en que me recordaba a mí mismo que ella había elegido su dolor en tanto a mí nada me lo había advertido. No había tenido opción. Ella sabía de antemano en qué se metería. Yo no tenía idea. Ella hacía algo que impactaría de manera positiva el resto de su vida. Yo estaba haciendo todo esto solo para salvar la mía. Sí, la autocompasión llenaba mi mente, y así fue durante muchos, muchos días.

No obstante, siempre volvía a una misma cuestión: Dios había decidido mantenerme con vida. Y hasta en los momentos de mayor depresión y autocompasión nunca lo olvidaba.

Christy y yo compartíamos un dolor similar. También compartíamos una fe que nos recordaba que nuestro amoroso

Dios estaba con nosotros en los momentos de más terrible sufrimiento. El solo hecho de tenerla de vecina me consolaba porque pensaba: *No soy el único. Alguien más entiende cómo me siento.*

Allí fue cuando comencé a pensar en ser parte de una fraternidad exclusiva. En los años posteriores a mi salida del hospital conocí a otros miembros de esta comunidad tan pequeña como poco acogedora. Como sabía lo que se siente cuando se sufre dolor, podía entenderlo, así como Christy había sentido mi dolor y yo entendía el suyo.

Más que solo soportar, con el tiempo pude hacer algo que los médicos decían que jamás podría hacer: aprendí a caminar de nuevo. Puedo pararme sobre mis pies, poner un pie delante del otro, y moverme.

Me habían advertido que a causa de mi rodilla fracturada en la pierna derecha, y por haber perdido el fémur en la izquierda (aun con el hueso reconstruido), no podría volver a caminar, y si lo hacía sería con unos pesados aparatos y arneses. Más de una vez estuve a punto de perder la pierna izquierda, pero Dios de alguna manera me sacó adelante en cada ocasión.

La terapia para mi brazo comenzó cuatro semanas después de la operación inicial, y dos semanas más tarde comenzó la terapia para mis piernas.

Casi al mismo tiempo me pusieron en lo que yo llamaba una cama Frankenstein. Me ataban a un tablero grande y volteaban la cama para que mis pies tocaran el suelo y estuviera en posición vertical, aunque todavía atado a la cama. Dos terapeutas me ponían un cinturón y caminaban a mi lado. Mis piernas se habían atrofiado y estaban extremadamente débiles, así que me ayudaban a dar mis primeros pasos. Me llevó días aprender a pararme otra vez para poder cargar mi propio peso sobre ambas piernas. Había cambiado mi sentido del equilibrio porque me había acostumbrado a la posición horizontal. Sentía horribles náuseas cada vez que me elevaban a la posición vertical. Pasaron varios días antes de que pudiera acostumbrarme lo suficiente como para dar mi primer paso.

En realidad no aprendí a caminar hasta después de dejar el hospital. Un terapeuta venía a casa todos los días para ayudarme. Pasarían seis meses antes de que aprendiera a caminar solo, dando unos pocos pasos.

Mi médico me quitó el marco de Ilizarov once meses y medio después del accidente. Después de eso pude usar un andador, y más tarde un bastón. No caminé sin aparatos en las piernas y bastón hasta un año y medio después del día del accidente.

Mi accidente ocurrió en enero de 1989. Me quitaron el marco de metal externo para el fijador del brazo en el mes de mayo, pero me pusieron placas de metal internas a lo largo de ambos huesos del antebrazo. Esas placas de metal permanecieron allí durante varios meses más.

A finales de noviembre me quitaron el fijador de la pierna, pero ese no fue el final. Después estuve enyesado durante mucho tiempo e insertaron una placa en mi pierna, la cual quedó allí durante nueve años. Les decía que podían dejarla para siempre, pero dijeron que tenían que quitarla. Mi médico me explicó que al envejecer los huesos se debilitarían si estaban habituados al soporte de la placa de metal. Luego me enteré de que nuestros huesos se hacen fuertes y se mantienen así solo como resultado de la tensión y el uso.

Durante esos años con el fijador y después con las placas de metal, cada vez que tenía que volar hacía sonar los detectores de metal desde Ohio hasta California. En lugar de ir por el detector habitual, les decía a los guardias de seguridad: «Tengo más acero inoxidable en mi cuerpo de lo que usted tiene en el cajón de la cocina en su casa».

Me miraban y sonreían, y usaban el detector móvil: «Tiene razón», decían.

Mis hijos bromeaban diciendo que yo era el «Robopredicador», tomando como ejemplo la película *Robocop*. En el filme, después de un horrible incidente, los médicos usaron la alta tecnología y placas de metal para restaurar a un policía que luchaba contra el crimen.

No importa lo atroces que se vieran todos estos alambres, varillas y placas, lo que importa es que funcionaron. La gente se impresionaba al verlos sobresalir de mi cuerpo. Y luego la misma gente está ahora asombrada de mi movilidad. Pero debajo de este delgado barniz de normalidad, sigo siendo una obra en construcción, siempre adaptándome y ajustándome.

9
INTERMINABLES ADAPTACIONES

En todo tiempo ama el amigo; para ayudar en la adversidad nació el hermano.

PROVERBIOS 17:17

Es asombroso cómo respondieron de manera diferente las personas después del accidente. Varios amigos y miembros de la congregación de South Park me fueron a ver durante esos primeros cinco días después de la tragedia. Muchas de esas mismas personas me vieron después de la vigilia de oración de toda la noche que instigó David Gentiles. Al observar cada pasito en mi recuperación, se regocijaban. Yo veía que todo sucedía con demasiada lentitud, lo cual me sumía en una continua depresión. Después de la UCI permanecí en el hospital durante ciento cinco días la primera vez. Supongo que la depresión atacaría a cualquiera que estuviese confinado durante tanto tiempo.

Durante los meses de mi recuperación la iglesia se esforzó por hacer que me sintiera útil. Traían camionetas llenas de niños al hospital para que me visitaran. Y también había reuniones del comité en mi habitación... como si yo pudiera tomar una decisión u otra. Sabían que no podía decir ni hacer mucho, pero de esta manera buscaban afirmarme y alentarme. Hicieron todo lo posible para que me sintiera útil y digno.

Sin embargo, la mayor parte de ese tiempo, me sentía deprimido y lleno de autocompasión. Anhelaba volver al cielo.

Más allá de la depresión tenía otro problema: no quería que nadie hiciera nada por mí. Esa es mi naturaleza.

Un día vino a visitarme Jay B. Perkins, un ministro retirado. Había servido como pastor de diversas iglesias del sur de Texas antes de retirarse y se había convertido en una poderosa figura paternal para mi ministerio. South Park lo contrató como interino mientras durara mi incapacidad.

Jay me visitó con fidelidad. Esto significaba que tenía que conducir más de sesenta kilómetros de ida y vuelta. Yo permanecía allí en la cama sintiendo pena por mí mismo. Él me hablaba con bondad, intentando siempre encontrar palabras que me alentaran. Pero nada de lo que decía me ayudaba, aunque esto no era culpa suya. Nadie podía ayudarme. Me sentía miserable, y según me enteré más tarde, hacía que todos los demás también se sintieran así.

Mis visitas intentaban ayudarme y muchos querían hacer lo que fuera:

—¿Quieres que te busque una revista?

—¿Te gustaría un batido? Hay un McDonald's en el vestíbulo. Quizá pueda buscarte una hamburguesa, o...

— ¿Quieres que te lea la Biblia? ¿U otro libro, quizá?

—¿Quieres que haga un mandado por ti?

Mi respuesta siempre era la misma:

—No, gracias.

No creo que fuera malo de mi parte, pero no me mostraba amigable ni cooperador, aunque no sabía que estaba tratando a todos de manera tan negativa. No quería ver a nadie. No quería hablar con nadie. Deseaba que desapareciera mi dolor y mi desfiguración. Si tenía que quedarme en la tierra quería recuperarme y volver a vivir como antes.

Y como Jay me visitaba a menudo, veía lo desapegado que estaba de mis amigos y mi familia. Un día estaba sentado a mi lado cuando vino uno de los diáconos de South Park a verme. Después de diez minutos el hombre se levantó y dijo:

—Quería venir a ver cómo estabas.

Y luego preguntó lo inevitable:

—¿Hay algo que pueda hacer por ti antes de irme?

—No, gracias. Te lo agradezco pero...

—Bueno, ¿puedo traerte algo de comer? Puedo ir abajo y...

—No, gracias. Gracias por haber venido.

Se despidió y se fue.

Jay permaneció en silencio mirando por la ventana durante varios minutos después que se fuera el diácono. Luego se acercó a la cama, colocó su rostro cerca del mío y dijo:

—En realidad tienes que portarte un poco mejor.

—¿Qué quiere decir, señor? —pregunté, dirigiéndome a él como lo haría cualquiera hacia un predicador de ochenta años.

—Que tienes que portarte mejor —repitió—. No lo estás haciendo muy bien.

—No entiendo lo que...

—Y además... —prosiguió, acercándose de tal modo que no podía mirar hacia otro lado más que a él— eres un terrible hipócrita.

—No sé a qué se refiere.

—Estas personas te aman mucho, no puedes imaginar cuánto te aman.

—Sé que me aman.

—¿Oh, sí? Bueno, no estás logrando hacerle ver que lo sabes. No las tratas bien. No pueden sanarte. Si pudieran sanarte, lo harían. Si pudieran cambiar de lugar y tomar el tuyo, muchos lo harían también. Si les pides que hagan algo, lo que sea, lo harán sin dudar.

—Lo sé.

—Sí. Pero no les permites hacer nada por ti.

—Es que *no quiero* que hagan nada por mí —lo dije tan fuerte como pude, sin guardarme nada—. La verdad es que ni siquiera quiero que vengan. Preferiría que no lo hicieran. Lo sé. ¿Por qué querría venir la gente a verme así como estoy? Es horrible. Es patético.

—No puedes elegir.

Lo miré sin saber qué decir.

—Has pasado la mayor parte de tu vida intentando ministrar a otros, satisfaciendo sus necesidades, ayudándolos en momentos difíciles o trágicos y...

—He... he intentado...

—Y ahora, te estás portando terriblemente mal al no permitir que los demás hagan lo mismo por ti.

Jamás olvidaré lo que dijo entonces:

—*Don, es lo único que pueden ofrecerte y les estás quitando ese regalo.*

Yo no quería dar el brazo a torcer. Protesté y traté de explicarle. Pero me volvió a interrumpir.

—No les permites ministrarte. Es lo que quieren hacer. ¿Por qué no puedes entenderlo?

En realidad, sus palabras no me habían impactado así que le dije:

—Los aprecio y sé que quieren ayudar. Pienso que eso está muy bien, y todo lo demás, pero...

—¡Pero nada! Estás quitándoles una oportunidad de expresar su amor por ti.

Justo entonces lo entendí. En mi mente estaba intentando no ser egoísta ni imponerles cosas que les causaran problemas. En ese momento sus palabras penetraron en mi conciencia. En verdad yo estaba siendo egoísta. También había allí un elemento de orgullo que entonces no podía admitir. Sabía cómo dar con generosidad a los demás, pero el orgullo no me permitía recibir la generosidad ajena.

Jay no se dio por vencido tampoco. Después de todo, yo estaba cautivo y tenía que escucharlo. Se quedó conmigo hasta que me obligó a ver lo mucho que me estaba distanciando de todos. Y cuando buscaba excusas adicionales, Jay las eliminaba.

—Quiero que les permitas ayudarte. ¿Me has oído? ¡Les permitirás hacer algo por ti!

—No puedo. No puedo dejar...

—Bien, Don. Entonces si no lo haces por ti, hazlo por mí.

Sabía que por él haría lo que fuera, y por eso asentí.

—La próxima vez que entre alguien y te ofrezca hacer algo, no importa lo que sea, quiero que digas que sí. Es probable que no puedas hacerlo con todos, pero podrás empezar por una o dos personas. Permite que algunos expresen su amor por ti ayudándote. Prométeme que lo harás.

—No sé si podré.

—Claro que puedes.

—Lo intentaré, pero no soy así.

—Bueno, tendrás que cambiar —su mirada era penetrante y firme—. ¡Lo harás!

Me sorprende hoy el recordar la paciencia que Jay tuvo conmigo. Su voz se suavizó y dijo:

—Inténtalo nada más, por mí. ¿Lo harás? Tienes que mejorar en esto. En este momento no lo estás haciendo bien. Es una de las lecciones que Dios quiere que aprendas. Y sufrirás durante mucho tiempo. Así que te parecerá más tiempo todavía si no permites que te ayuden.

—Bien —dije, sin poder resistirme ya.

Se lo prometí, porque creo que no se habría ido hasta tanto lo hiciera.

Mi primera reacción había sido de irritación, quizá hasta de enojo. Pensé que se había sobrepasado, pero no lo dije. Después que se fue pensé en todo lo que había dicho. Y cuando vencí mi enojo, mi orgullo y mi egoísmo, vi que había dicho la verdad. Una verdad que necesitaba oír.

Pasaron dos días, pero no lograba hacer lo que me había pedido.

Al tercer día llegó uno de los miembros de la congregación, me saludó y pasó unos cinco minutos conmigo antes de ponerse de pie dispuesto a irse.

—Solo quise ver cómo estabas —dijo—. Y te ves bien.

Sonreí. Me veía horrible, pero no discutí con él.

Se levantó para irse.

—¿Hay algo que pueda hacer por ti antes de irme?

Ya estaba preparado para decir: «No, gracias», cuando surgió en mi mente la imagen de Jay.

—Bueno, desearía tener una revista para leer.

—¿Oh, sí? —sonrió con alegría— ¿De veras?

—Eso creo. Hace bastante que no leo nada.

—¡Vuelvo enseguida!

Antes de que pudiera decirle qué revista quería, salió corriendo tan rápido como una saeta. Tenía que bajar veintiún pisos, pero pareció que no se tardó más que un minuto. Cuando volvió venía cargado con una pila de revistas. Seguía sonriendo mientras me mostraba las cubiertas de cada una.

Le agradecí.

—Las leeré más tarde —dije.

Las puso sobre la mesa y sonrió.

—¿Hay algo más?

—No, gracias. Es todo lo que quería. Gracias.

Una vez que hube abierto la puerta para permitir que alguien hiciera algo por mí, sentí que no era tan difícil. Cuando se fue comencé a hojear las revistas. No estaba leyendo en realidad, porque seguía pensando en lo sucedido.

Jay tenía razón. Les había estado quitando la oportunidad de expresar su amor y preocupación.

Unos cuarenta minutos más tarde entró una mujer del grupo de solteros y pasamos por el conocido ritual de conversar un momento.

—¿Cómo estás?

—Bien.

—Bueno. ¿Puedo buscarte algo?

—No... yo... yo... —de nuevo las palabras de Jay surgieron en mi mente—. Bueno, quizá un batido de fresa.

—¿Un batido de fresa? Me encantaría traértelo.

Creo que nunca antes la había visto sonreír con tal alegría.

—¿Algo más? ¿Papas fritas?

—No.

Salió apurada y volvió enseguida con el batido de fresa.

—Oh, pastor. Espero que le guste.

—Me gustará. En realidad me encanta el batido de fresa.

Más tarde imaginé a los miembros de la congregación de pie afuera de mi puerta, comparando notas:

—A mí me pidió un batido de fresa.

—Sí, y a mí me pidió que hiciera un mandado por él.

Fue recién entonces que vi lo equivocado que había estado. Les había fallado y me había fallado a mí mismo. Al intentar ser fuerte ante ellos les había quitado oportunidades de fortalecerme. La culpa me invadió porque al fin podía ver su regalo.

También sentí mucha vergüenza y comencé a llorar. *Este es su ministerio*, pensé, *y yo se los estaba estropeando*. Me sentía avergonzado porque no les había permitido ayudar. Cuando por fin bajé la guardia vi un cambio drástico en las expresiones de sus rostros y en sus movimientos. Les encantaba. Lo único que querían era una oportunidad para hacer algo, y al final se las estaba dando.

Necesitas portarte mejor. Durante las horas subsiguientes estas palabras de amorosa reprimenda de parte de Jay permanecieron en mi mente y mi corazón. Lloré. No tenía idea de cuánto tiempo había pasado, pero me pareció que fueron horas, antes de que al fin viera que Dios me había perdonado. Había aprendido una lección.

⸺ ⟡ ⸺

A pesar de mi condición no muchos podrían haber logrado lo que hizo Jay. Esa experiencia cambió mi actitud. Y aun hoy, que han pasado años, me cuesta dejar que otros me ayuden. Pero al menos la puerta está entreabierta. Ya no está cerrada como antes.

A veces cuando estoy emocional o físicamente mal suelo alejar a las personas o decir que no necesito nada. Pero cuando logro abrirme y permitir que otros ejerzan sus dones y me ayuden, hay una enorme diferencia. Sus rostros se iluminan como si preguntaran: «¿En realidad quieres que haga eso por ti?»

Había visto mi negativa de otra manera: no quería molestarlos. Y ellos vieron mi cambio como una oportunidad para ayudar.

Estoy eternamente agradecido por esa lección de permitir que la gente me ayude en mis necesidades. Y estoy también agradecido por esa lección que aprendí en una cama de hospital cuando me sentía tan inútil y nada podía hacer.

⸺ ⟡ ⸺

Alguien me trajo una placa al hospital. Al principio pensé que sería una broma, porque contenía las palabras del Salmo 46:10: «Quédense quietos, reconozcan que yo soy Dios». Quizá el propósito era consolarme. No estoy seguro de que quien me la haya dado (y no recuerdo quién fue) supiera que no podía hacer nada más que *quedarme quieto*.

108

Sin embargo, esa placa contenía el mensaje que necesitaba. Solo que me llevó mucho tiempo entenderlo.

Pasaron semanas antes de que me diera cuenta de que parte de lo que necesitaba era quedarme quieto —internamente— y confiar en que Dios sabía lo que estaba haciendo a través de todo esto. Sí, era un versículo para mí, aunque yo no lo hubiera elegido.

Dios me obligó a estar quieto. Por naturaleza no soy particularmente introspectivo, pero cada vez lo fui siendo más. No podía hacer otra cosa excepto sentir pena por mí mismo. Cuanto más tiempo pasaba inmóvil tanto más permanecía en la quietud y el silencio interior de Dios.

Eva encontró una bella versión de ese mismo versículo grabada en oro y me la regaló. La placa está ahora en mi oficina de la iglesia. La veo cada vez que levanto la mirada de mi escritorio.

Día tras día permanecí en la cama sin poder moverme. Estuve acostado sobre mi espalda un total de trece meses antes de poder ponerme de costado. Esa sencilla acción convirtió el día en uno de los mejores de mi recuperación. «¡Oh! Había olvidado lo bien que se siente esto», dije en voz alta.

Durante esa larga recuperación aprendí mucho sobre mí mismo, sobre mi actitud y mi naturaleza. No me gustaban muchas de las cosas que veía en Don Piper. Sin embargo, la depresión persistía en medio de esa inactividad.

Comencé a preguntarme si algún día desaparecería esa depresión.

Y entonces Dios obró otro milagro.

10
MÁS MILAGROS

Bendeciré al Señor en todo tiempo;
  mis labios siempre lo alabarán.
Mi alma se gloría en el Señor;
  lo oirán los humildes y se alegrarán.
Engrandezcan al Señor conmigo;
  exaltemos a una su nombre.
Busqué al Señor, y él me respondió;
  me libró de todos mis temores.

SALMO 34:1-4

A veces la depresión era tal que no creía poder respirar. Me llevaba de regreso a los días en la UCI cuando recibía tratamiento respiratorio porque tenía colapsados los pulmones. Excepto que ahora no eran mis pulmones los que estaban colapsados, sino mi espíritu. Hay pocas cosas que puedan minar más la energía del espíritu humano que la falta de esperanza. Durante semanas y meses nadie me decía cuándo volvería a estar normal, ni si sucedería en realidad. Como resultado, la depresión era total.

A medida que sanaba mi destrozado cuerpo, también necesitaba sanidad espiritual. Comencé a pensar en esto de la siguiente manera: el término griego para «espíritu» es *pneuma*. Ese término también puede significar «viento» o «aliento». La palabra griega es la raíz del término *neumonía*. Así como había sido necesario volver a inflar mis pulmones para recuperarme de la neumonía, necesitaba el aliento de Dios para que me ayudara a sobreponerme de la depresión de mi espíritu.

No sé cuándo tomé conciencia de esa depresión. En las primeras semanas de mi recuperación me encontraba en un dolor físico constante y no podía retener pensamientos en mi mente durante más de uno o dos segundos.

También luché contra mi enojo durante esas primeras semanas. No es que estuviera enojado con Dios, aunque muchas veces me preguntaba por qué me había enviado de vuelta a la tierra y por qué tenía que soportar tal agonía física. Sin embargo, el dolor no era la cuestión. Desde mi primer día en el hospital el dolor ha estado presente constantemente. Como les sucedió a muchos otros he aprendido a vivir con esa realidad. Mi lucha es que he vivido la gloria y la majestad del cielo para tener que volver a la tierra. Y en mis momentos de mayor debilidad no entendía por qué Dios me había hecho volver en una condición tan penosa. Muchos viven con un dolor mayor, pero pocos —o acaso ninguno— han vivido el cielo.

No. Mi enojo se dirigía principalmente a los médicos. Supongo que porque estaban allí todo el tiempo. Dentro de mí hervía una ira dirigida tanto hacia ellos como a mí mismo.

¿Por qué no me recuperaba más rápido? Les culpaba por lo lento de mi recuperación. En mis momentos racionales sabía que hacían todo lo que podían. A pesar de mi antagonismo e irritación —que estoy seguro percibían— se quedaban a mi lado y me alentaban de continuo.

Yo no quería que me alentaran: quería resultados. Deseaba volver a estar sano. ¿Por qué no podía volver a vivir como antes? Anhelaba caminar por mis propios medios y no depender de los demás todo el tiempo.

Los médicos no me daban respuestas definidas y esto levantaba nuevas olas de ira por todo mi sistema. Al mirar en retrospectiva, estoy seguro de que me decían lo que podían, pero yo no era un caso típico. Nadie podía pronosticar. En realidad durante varias semanas ni siquiera estaban seguros de que viviera, y ni hablar de una recuperación significativa.

Me volví paranoico. Sabía que no estaba siendo racional cuando me quejaba y exigía más atención o medicación para aliviar el dolor. Nada me venía bien. Todo iba muy lento. Me hacían esperar demasiado antes de responder al timbre cuando llamaba. Nadie quería contestar mis preguntas.

—¿Durante cuánto tiempo tendré puesto este marco de Ilizarov? —le preguntaba a casi todos los médicos y enfermeros que venían a mi habitación.

—No lo sé —era la respuesta habitual.

—Pero quiero saber algo, díganme algo al menos.

—Será durante mucho tiempo, mucho, sí —era la única respuesta que recibía de los médicos o enfermeros.

Algunas veces solo quería una respuesta, y presionaba.

—Semanas, meses. No podemos decírselo porque no lo sabemos. Si lo supiera, se lo diría.

El sentido común me indicaba que estaban haciendo todo lo que podían, pero en esos días, claro... yo no tenía demasiado sentido común. Parte de ello era a causa del dolor y quizá por las enormes dosis de medicinas que me afectaban. Igualmente, no era buen paciente. En lugar de sentirme satisfecho seguía preguntándome: *¿Por qué no me lo dicen? ¿Qué es lo que saben que me están ocultando? Hay cosas que no me dicen y tengo derecho a saber qué pasa.*

Durante mis noches de insomnio yacía en la cama convencido de que las enfermeras conspiraban en mi contra. Jamás se me ocurrió preguntarme por qué habrían de hacerlo.

¿Por qué no me dicen nada?, farfullaba. *¿Qué es lo que pueden hacer que me llegue a doler más que esto?*

La respuesta era: *nada.* Soportaba un dolor adicional, resultado no del accidente mismo sino del proceso de sanidad. Por ejemplo, cuando tuvieron que tomar hueso de mi cadera derecha para insertarlo en mi brazo izquierdo, hicieron una incisión de unos doce centímetros de largo y la cerraron con broches metálicos. Cuando llegó el día de quitarlos, tuvieron que arrancármelos de la piel. Con cada tirón me contraía de dolor y buscaba contener los gritos que pujaban por salir de mi boca. No podía recordar ningún otro momento en que hubiera tenido que soportar tanto dolor. Claro que sí lo había tenido, pero había olvidado cuánto podía soportar mi cuerpo.

La pobre enfermera que extraía los broches hacía una pausa entre uno y otro. Tenía la mirada muy triste y yo sabía que entendía cuánto me dolía todo este procedimiento. Era una mujer corpulenta y me trataba siempre con la mayor suavidad.

—Lo siento, reverendo —decía con gentileza.

—Lo sé —murmuré—. No puede evitarlo.

De momento asumí mi rol pastoral en un intento por consolarla. No quería que se sintiera mal por la tortura a la que me sometía.

—Reverendo, ¿por qué no le da rienda suelta al dolor, y grita?

—No serviría de nada.

—Si yo estuviera en su lugar gritaría.

—Sí, apuesto a que lo haría —concedí con cierto humor—. Y despertaría a todos los pacientes del hospital.

Y es que nunca pude gritar por propia voluntad. Quizá fuera porque temía perder el control. O porque imaginaba que si gritaba ella y los demás pensarían que era débil. No estoy seguro del por qué, ni siquiera hoy. Sé que no podía gritar como lo hacían los otros pacientes de mi piso. Todos los días oía pacientes desde otras habitaciones que gritaban en agonía. Pero yo no podía hacerlo. En cambio, contenía en aliento y a veces me bañaba un sudor frío. Pero no podía gritar a propósito.

Aunque sé que no era el paciente de mejor carácter, ni tampoco el más fácil debido a la atención que requería, las enfermeras y enfermeros del piso de traumatología me trataban con amabilidad y mucha compasión. Llegué a encariñarme mucho con ellos y admirar su dedicación. Supongo que habrán visto algo en mí también. Sé que el personal de enfermería solía ser flexible con las reglas cuando me venían visitar, aunque fuera de día o de noche. Sin embargo, el momento más dulce, fue cuando recibí el alta después de mis ciento cinco días de estar internado en St. Lukes. Al parecer, se habían hecho arreglos con el personal de enfermería de otras secciones del hospital para que cubrieran a las enfermeras de mi piso mientras me acompañaran en el ascensor hasta la ambulancia que esperaba afuera. Rodeado de enfermeras que me alimentaban, me medicaban, me bañaban y hacían el Señor sabe qué otras cosas por mí, me sentí maravillosamente bien al saber que iba a casa. Era como si dijeran: «Hicimos lo mejor que pudimos hacer. Ahora tiene que recuperarse y volver a visitarnos». Solo puedo imaginar lo diferente que me verían ese día, comparado al día de mi llegada, cuando me debatía entre la vida y la muerte.

A pesar de mi obcecada resistencia a mostrar mis emociones, antes de dejar St. Lukes los meses de intenso dolor al fin quebraron mi dureza. Me quebré y lloré. Me sentía inútil, sin valor alguno, golpeado. Estaba convencido de que jamás mejoraría.

«Dios, Dios, ¿por qué es así? ¿Por qué paso por este dolor constante que parece nunca va ha mejorar?» De nuevo oré porque Dios me elevara. Ya no quería vivir. Quería ir a casa, y para mí en ese momento mi hogar era el cielo.

Oré de esa manera durante días, y por lo general el agotamiento me vencía y me quedaba dormido. Al despertar volvía a cubrirme el manto de la desesperanza. Nada me ayudaba.

Justo antes del accidente había ordenado varios casetes de canciones populares grabadas originalmente en las décadas de 1960 y 1970 por intérpretes como los Imperiales y David Meece. Eva los había traído al hospital, y también trajo una grabadora, pero yo no había tenido interés por escucharlos.

Me dedicaba a mirar la televisión. Una vez le dije a un amigo: «Ya he visto al menos ocho veces cada capítulo de *Brady Bunch* y me conozco los diálogos de memoria».

Una madrugada, entre las tres y las cinco, ya no podía soportar ver otro programa repetido en la televisión, por lo que decidí escuchar los casetes. Una enfermera vino y me ayudó a poner el primero en la grabadora.

La primera canción había sido grabada por los Imperiales, y se llamaba «Alabemos al Señor». La letra sugería que cuando enfrentamos una dificultad y creemos que no podemos seguir, necesitamos alabar a Dios. Aunque la idea parecía loca a las tres de la mañana en una cama del hospital, seguí escuchando para ver si encontraba una ayuda que aliviara el profundo dolor espiritual que me aquejaba. La siguiente estrofa contenía una frase sobre las cadenas que parecen atarnos y que se rompen cuando nos dedicamos a alabar al Señor. Toda la canción se centraba en la alabanza a Dios, a pesar de las circunstancias.

Cuando los Imperiales cantaban el segundo estribillo que mencionaba las cadenas, miré mis cadenas: kilogramos de acero inoxidable que me encadenaban el brazo y la pierna. Antes de mi accidente, seguro oí y canté la canción cientos de veces. Y hasta la habría tocado. Pero en ese momento, las palabras se convirtieron en un mensaje de Dios... directamente hacia mí desde lo alto.

Antes de que terminara la canción me oí diciendo: «¡Alabado sea el Señor!»

Apenas terminó esa canción, David Meece cantó «Somos la razón». Sus palabras me recordaban que somos la razón por la que Jesucristo lloró, sufrió y murió en la cruz. Meese cantaba sobre cómo al fin encontró que el verdadero propósito en la vida era entregar cada parte de su ser a Cristo. La canción no era nueva para mí, pero algo sucedió en esa madrugada. Además de la música, no oía nada. Ni gemidos de las otras habitaciones, ni pasos de las enfermeras en el corredor. Me sentía aislado por completo del mundo que me rodeaba.

Entonces el dique cedió. Comencé a llorar y no podía contener las lágrimas. Ni siquiera quería hacerlo. Solo me permití llorar. No estoy seguro, pero creo que lloré durante una hora.

Poco a poco los sollozos fueron apagándose. Y entonces la calma me invadió y me sentí muy relajado y en paz. Allí supe que había ocurrido otro milagro. Ya no había depresión. Se había esfumado.

Había sanado. Una vez más.

Los recuerdos impactantes a partir de unas sencillas canciones habían sido el detonante de mi cambio. Los Imperiales me recordaban que Satanás es un mentiroso. Que quiere robarnos nuestro gozo y reemplazarlo por la desesperanza. Cuando estamos en la lucha y creemos que ya no podemos más, es posible cambiar esa sensación alabando a Dios. Nuestras cadenas se romperán y caerán.

Meece me alentaba al recordarme la verdadera razón que tenemos para vivir esta vida a plenitud. Es darle todo lo que tenemos a Dios, y esto incluye nuestra pena y nuestro dolor. Dios es la razón de nuestra vida.

Esa mañana decidí seguir viviendo el resto de mi vida, pasara lo que pasara. Decidí esto sin la ayuda de un psiquiatra, sin drogas, sin consejería. Al escuchar esas dos canciones, Dios me había sanado. La desesperanza se había ido. Se habían roto mis cadenas mentales. También sabía que nada de lo que había pasado —o lo que pasara de allí en adelante— era tan horrendo como lo que había sufrido Jesús.

No intento decir con esto que estoy en contra de la ayuda psicológica. Antes y después de mi accidente he enviado a muchas personas a buscar consejería. Pero como yo no estaba dispuesto a recibir ayuda de ninguna clase, Dios me sanó de manera dramática e inexplicable.

Y allí, en la cama del hospital, mi actitud cambió. No sabía cuándo terminaría mi dolor físico o durante cuánto tiempo debería llevar puesto el marco de Ilizarov. Lo que sí sabía era que Jesucristo estaría conmigo. No podía entender todavía por qué Dios me había mandado de regreso para que viviera tal agonía, pero eso ya no importaba.

Ahora era libre. Él había sanado mi mente. Y mi cuerpo sanaría lentamente, pero acababa de vivir la más grande victoria. La depresión no me afligiría nunca más. Este era uno más de los muchos milagros del cielo.

11

DE VUELTA
A LA IGLESIA

Humíllense, pues, bajo la poderosa mano de Dios, para
que él los exalte a su debido tiempo. Depositen en él toda
ansiedad, porque él cuida de ustedes.

1 PEDRO 5:6-7

Algunas personas que me conocen desde hace tiempo
me ven como alguien valiente, lleno de coraje. Yo,
por cierto, no me veo así ni siquiera por un instante,
porque me conozco demasiado bien. También sé lo poco que
hice para salir adelante durante mis trágicos días.

A pesar de lo que percibo, mis amigos y los miembros
de la iglesia dicen que recibieron un gran aliento al verme
progresar de un estado de total incapacidad y observarme
mover poco a poco hacia un estilo de vida bastante normal.
Una cantidad de personas me han dicho mientras vivían
momentos difíciles: «Si usted pudo pasar por todo eso, yo
también podré pasar por esto».

Estoy contento de que mi ejemplo les haya alentado, pero me cuesta muchísimo aceptarme como fuente de inspiración y coraje. No sé como enfrentar sus elogios y admiración porque no hice absolutamente nada. Quería morir. ¿Qué tan alentador es eso?

Cuando la gente me dice lo inspirador que fui para ellos, no discuto, pero recuerdo demasiado bien el momento en que David Gentiles me dijo que él y otros más orarían para que sanara. Viví porque otros no me dejaron morir. Esos amigos que oraron por mí son quienes merecen admiración.

La mayor parte del tiempo cuando la gente tiene una actitud de «si usted pudo yo también podré», nada más asiento, agradezco sus palabras y digo: «Solo hago lo mejor que puedo». Y en realidad eso es lo que hice en los peores días. A veces «lo mejor» no era más que soportar. Y aun cuando luchaba con la depresión, eso era lo mejor que podía hacer. Será que Dios honra eso. No lo sé.

Por naturaleza soy una persona decidida, y sé que a veces esta decisión parece prima hermana de la obstinación. Sin embargo, muchas veces me sentí terriblemente solo, convencido de que nadie me entendía. Y creo que esto es así. Cuando nuestro dolor es intenso y debemos soportarlo durante semanas sin encontrar alivio, creo que en realidad nadie más lo entiende ni lo sabe. No estoy seguro de si vale la pena que sepan cómo es.

Lo que importa es que nos aman y se preocupan por nosotros.

─◦◦◦─

Cuando llegué a casa desde el centro médico a mediados del mes de mayo tuve que dormir en una cama de hospital.

Esto fue hasta febrero de 1990, durante trece meses. Y aunque dormía en mi casa, hubo diversos tropiezos y también infecciones. Tenía que volver al hospital, y algunos de esos viajes, sobre todo los primeros, involucraban un peligro para mi vida. A veces debía quedarme durante dos semanas, y en ocasiones este período se extendía una semana más. En la mayoría de las ocasiones era Eva quien me llevaba en el auto, pero siempre volvía en la ambulancia.

Luego de que saliera del hospital la primera vez, los miembros de la iglesia me decían que me veía bien «tomando en cuenta lo sucedido». Nadie lo dijo en realidad, pero los imaginaba diciendo: «Oramos por Don. No podemos creer lo bien que resultó todo. Pedimos que viviera y pedimos que mejorara». Es decir, que era un desastre que daba lástima, pero estaba vivo y eso era lo que habían pedido.

Mis hijos mellizos, Joe y Christopher, tenían solo ocho años en el momento del accidente. Nuestra hija Nicole tenía doce. Una de las cosas que más me dolía durante la recuperación era la sensación de dolor que debían enfrentar mis hijos. No decían mucho, pero sabía cómo se sentían.

Joe me escribió una tarjeta en febrero de 1989 mientras vivía con sus abuelos (no corregí sus faltas de ortografía).

Hola papito:
   Eres el mejor. Te amo y espero que te guste la tarjetas.
Hojala esto nunca hubiera pazado.

   Te amo papito,
   Joe

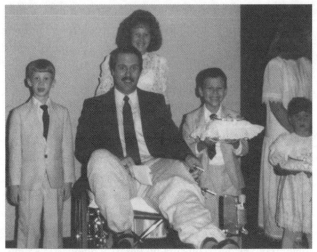

Don asiste a la coronación de Nicole de Niñas en Acción.

Meses más tarde cuando por fin volví a casa, Chris, mellizo de Joe, venía por la tarde desde la escuela y entraba en la sala donde estaba mi cama. Sin decir palabra, Chris se acercaba y ponía la cabeza sobre mi pecho. No sé durante cuánto tiempo se quedaba en esa posición, y es probable que no haya sido más de un minuto.

No decía nada.

No hacía falta. Este simple gesto bastaba. Me sentía muy amado por mi hijo.

Después de un minuto más o menos Chris iba a su habitación, se cambiaba la ropa de la escuela y salía a jugar. Así es como me saludaba casi todos los días.

Sé que fue difícil para él, muy difícil, y que expresaba su pena de la única forma en que sabía hacerlo.

A solo seis meses del accidente pude participar de un momento muy especial en la vida de Nicole.

Los bautistas del sur tienen organizaciones de misión para jóvenes. Las más conocidas son la de Embajadores Reales para los varones, y las de Niñas en Acción y Acteens para las niñas. Apenas tuvo edad suficiente, Nicole comenzó a participar en estas organizaciones. Cumplía con todo lo que le pedían, como memorizar las Escrituras, realizar proyectos y hacer viajes de misión. Cuando tenía catorce años supo que le darían el honor de ser la «Reina con el cetro» en una ceremonia de coronación en la Iglesia Bautista de South Park en junio de 1989.

Este premio es el punto máximo de la participación en Acteens y se otorga durante una ceremonia en la iglesia. Recibiría el premio por su total determinación. Todo el tiempo que se dedicó a esas actividades no había podido vivir en casa. Nuestros amigos Suzan y Stan Mauldin le abrieron su hogar y ella vivió allí. Nicole no recibía apoyo físico ni emocional de mi parte porque yo estaba apenas sobreviviendo en el hospital.

Recibía poco apoyo de parte de su mamá porque la vida de Eva consistía en salir de la escuela por las tardes y correr hacia el hospital donde permanecía a mi lado hasta que se iba a dormir.

Los desafíos nos hacían sentir todavía mayor orgullo por Nicole.

Una de las tradiciones en torno a la coronación es que los padres acompañan a sus hijas hasta el altar. Los hermanos, si es que los hay, van detrás llevando la corona y el cetro.

A causa de la fecha de la coronación anual de South Park dudábamos que pudiera estar presente, y mucho menos acompañarla hasta el altar.

Estoy agradecido porque los médicos me dieron el alta a tiempo para poder presenciar la coronación. De veras quería estar allí. No era el día de su boda, pero sí era el momento más importante de su corta vida y quería compartirlo con ella.

Yo estaba en silla de ruedas y Nicole iba de mi brazo mientras avanzábamos hacia el altar. Chris y Joe iban detrás, llevando la corona y el cetro en sendas almohadas. También me ayudaban empujando la silla. Iba vestido con saco y corbata (por primera vez desde el accidente) y llevaba un pantalón abierto a los lados a causa del Ilizarov.

Nicole estaba absolutamente fascinada de que su papá pudiera estar presente en esta ocasión tan importante para ella, y yo sentía mucha alegría de poder acompañarla al altar.

Se me llenaron los ojos de lágrimas mientras avanzaba. Oí que otros también sollozaban. Pero sabía que llorábamos lágrimas de alegría por este maravilloso momento en la vida de Nicole.

Creo que, al inicio, los médicos me enviaron a casa porque pensaron que me recuperaría más rápido estando con mi familia. También sería menos costoso permanecer en nuestro hogar. No estoy seguro, pero yo estaba feliz de salir del hospital. El seguro médico no cubría mi tratamiento. Al principio los gastos se cubrieron con la compensación de los trabajadores, y luego por parte del estado de Texas, porque una corte federal encontró que eran responsables de lo sucedido.

Aun así, estar en casa no era mucho más fácil ni para mí ni para mi familia, en especial para Eva. Todos los días alguien tenía que ponerme inyecciones. Necesitaba terapia física, y todo había que hacerlo en casa. Nuestra sala de estar parecía una habitación de hospital. Yo me sentí mejor al estar fuera del ambiente estéril. Y el simple hecho de estar entre las cosas que me eran familiares me hacía bien al espíritu. Me gustaba poder ver por la ventana las casas de los vecinos y que me visitaran personas que no vestían uniformes blancos.

El equipo médico me envió mi cama y el trapecio, como el que había usado en el hospital. Todos los días venían enfermeras, y un día por medio venía el terapeuta de rehabilitación.

Tengo recuerdos muy tiernos de las personas amables que sencillamente se quedaban conmigo mientras Eva iba a trabajar. Cuando la gente de la congregación se enteró de que si no volvía a su puesto de maestra perdería el empleo, decidieron hacer todo lo posible por ayudar.

Ginny Foster, la esposa del pastor principal, organizó un grupo para que se turnaran todos los días. Ella lo llamaba bromeando «la patrulla Don», y casi todos sus integrantes eran mujeres de la iglesia junto con algunos hombres ya retirados.

Eva salía por la mañana y estaba unas siete horas fuera de casa. Mis horarios de sueño dependían de los desmayos que sobrevenían cuando ya no soportaba el dolor. Sin embargo, poco a poco, se fue formando una rutina. Por lo general me dormía a las dos o tres de la mañana y despertaba como a las diez. La Patrulla Don llegaba como a las nueve, mientras todavía dormía. Me preparaban el almuerzo o lo traían ya listo.

Muchas veces despertaba para encontrar a una encantadora señora tejiendo junto a mi cama. O a un señor mayor leyendo el *Houston Chronicle*. Bajaba el periódico y me sonreía: «Buenos días, ¿necesitas algo?»

El desfile de rostros dulces y amables cambiaba cada día. Aunque los voluntarios eran distintos, el objetivo era el mismo: cuidar a Don y hacerle compañía.

Mientras estaba en cama día tras día vi cuánto habían hecho por nosotros las demás personas. Mientras estaba en el hospital, los amigos de la iglesia de Alvin habían empacado nuestros muebles y nos habían mudado a una casa nueva sin escaleras donde pudiera moverme sin problemas.

Durante el día miraba por la ventana del patio de mi «habitación de hospital». Veía a los alumnos de la secundaria, Brandon y Matt Mealer y a su amigo Chris Alston, cortando el césped de nuestro jardín. Chris pidió prestada nuestra camioneta una noche y me sorprendió con un paseo al cine. No recuerdo cuál era la película, pero jamás olvidaré su gesto. Luego, cuando nuestra cerca se cayó durante una tormenta, ya estaba de nuevo arreglada antes de que pudiéramos pedir ayuda a alguien. Solo Dios conoce todos los actos de bondad de los demás hacia nosotros durante mi recuperación.

Apenas despertaba por las mañanas mi «acompañante» se levantaba para traerme un cepillo de dientes y una palangana con agua para que pudiera lavarme los dientes y la cara. Me acercaban un vaso de jugo a los labios y luego me daban un enorme almuerzo.

Después de alimentarme, lavarme y asegurarse de que estuviera todo lo cómodo que me permitía mi condición física, preguntaban siempre:

—¿Hay algo más que pueda hacer antes de irme?

Mi respuesta siempre era la misma:

—No, gracias —y trataba de darles mi mejor sonrisa.

Es probable que no fuera la mejor, pero ellos siempre me sonreían.

—Estoy bien. Estaré bien.

La capacidad de sacrificio y servicio que tienen los seres humanos por sus congéneres no tiene límites. Con todos nuestros defectos, seguro que Dios debió tener la intención de que las bondades que me demostraron durante mi hospitalización y recuperación fueran ejemplos sublimes de que fuimos creados a su imagen.

Más o menos una hora después de que se fuera mi «patrullero de Don» del día, mi ángel de compañía, se abría la puerta y entraba Eva después de un largo día en la escuela. Siempre tenía una gran sonrisa y me daba un beso.

—¿Estás bien? —preguntaba.

—Estoy bien —decía yo, y no mentía.

No podía expresar en palabras lo que sentía, pero el saber que me había visitado un ángel de la «patrulla de Don» me levantaba el espíritu hasta el cielo.

─◦◦─

Durante meses después de mi llegada a casa los miembros de la patrulla de Don me llevaban y traían a mi terapia en agua, la cual se realizaba cerca de nuestra casa en Alvin. Durante los primeros trece meses, si no estaba en el hospital, estaba acostado en la cama de hospital en casa. Por muchos meses es probable que no haya salido de la cama durante más de cinco minutos al día, excepto para ir a terapia. Y algunos días ni siquiera me levantaba.

Lo peor es que cuando estaba en la cama de hospital estaba por completo incapacitado. No podía levantarme ni hacer nada por mis propios medios. Sin la ayuda del terapeuta, jamás me habría podido sentar ni mover solo otra vez.

Lenta y gradualmente aprendí a caminar de nuevo. El primer día que salí solo de la cama di tres pasos. Caí rendido en la cama otra vez y me invadió el agotamiento. Pero sonreí. *Había podido caminar.* Tres pasos suena como muy poco, pero yo sentía que había logrado algo enorme.

Gran parte de la recuperación de un trauma de tal magnitud se parece de manera asombrosa a lo que un infante aprende en sus primeros meses de vida. Había estado incapacitado durante tanto tiempo que cuando al fin pude ir solo al baño me pareció que era una hazaña. Caminar otra vez me recordaba lo que todos damos por sentado cada día cuando hablamos, nos movemos y vivimos.

Cuando pude caminar de nuevo no fue un logro singular sino un tributo a cientos de médicos y enfermeros que trabajaron de forma incansable por ayudarme. También era un tributo a mis amigos y familia, que creían en mí aunque no podían saber lo difícil que me resultaría poner un pie delante del otro.

Y aunque supongo que caminar representaba cierto triunfo de la voluntad, también quería decir que podría comenzar a vivir con relativa normalidad. Muchas veces pensaba en la última noche en Trinity Pines cuando J. V. Thomas y yo dimos el paseo que fuera mi última caminata normal. Durante mucho tiempo dar solo tres pasos titubeantes me pareció algo así como una escalada al monte Everest.

—¡Lo logré! —grité en la habitación silenciosa—. ¡Caminé! ¡Caminé!

Dar esos primeros pasos en casa por mis propios medios sigue siendo uno de los mejores momentos de mi recuperación. Esos pocos pasos me convencieron de que mejoraría. Ahora tenía objetivos y metas. Había pasado la peor parte de la recuperación. Sabía que seguiría mejorando. Cada día daba unos pasos más, y para el fin de semana había logrado recorrer el perímetro de la sala.

Cuando Eva llegó y vio mi demostración de progreso su sonrisa me hizo sentir como si hubiese ganado un maratón. Reaccionó con absoluto y gozoso deleite la tarde en que le mostré que podía caminar por toda la casa sin ayuda.

Una semana después de mi salida del hospital tenía ya decidido que quería ir a la iglesia el domingo por la mañana.

Al mirar en retrospectiva veo que era demasiado temprano todavía, pero sentía un ardiente deseo de volver a estar con las personas a las que amaba y de adorar a Dios junto a ellos. Con la ayuda de un pequeño grupo planeamos que me llevaran allí. En caso de que no pudiera hacerlo, no queríamos desilusionar a nadie, así que decidimos no anunciarlo a la congregación.

Para entonces ya podía sentarme en una silla de ruedas, siempre y cuando hubiera alguien que me levantara de la cama y me ayudara a sentar. Sin embargo, no podía pararme.

Seis amigos de nuestra congregación vinieron y quitaron los asientos de una de las camionetas de la iglesia. Allí habían armado una rampa para que la silla de ruedas pudiera pasar.

Yo pensaba en todo el trabajo que les daba, e intenté disculparme varias veces, pero me aseguraron que para ellos era un placer.

Luego recordé las palabras de Jay. Mi familia y mis amigos me vieron el primer día del accidente. Yo no me vi. Soportaron el impacto y el miedo. Tuvieron que hacerse de la idea de que podía morir o quedar discapacitado para siempre. En algunos aspectos todo esto era más difícil para mi familia y amigos que para mí. Estaban ansiosos por ayudarme. De cierta manera esto formaba parte de su propia recuperación, y estaban contentos de poder hacer algo especial por mí.

Aunque quería asistir al servicio de adoración esa mañana me costaba dejar que lo hicieran todo por mí. Me sentía inútil por completo, dependiente de los demás. Y al darme cuenta de eso sonreí de nuevo.

«Gracias», dije y luego les dejé ocuparse de mí.

Con todo cuidado me pusieron en la camioneta, la cual uno de ellos condujo hasta la iglesia, y detuvo el vehículo junto a la puerta lateral. Cuando uno de ellos abrió la puerta los miembros de la congregación que iban hacia el santuario me vieron.

«¡Miren! ¡El Pastor Don!», gritó alguien.

Oí gritos de alegría y aplausos, y vi que muchos se ponían de pie y daban paso a la silla de ruedas que los hombres empujaban por la rampa.

En ese momento todo fue un caos. Todos venían a saludarme. Otros vitoreaban. Parecía que todos querían tocarme, darme la mano. Apenas podía creer lo mucho que se preocupaban por mí.

Al fin alguien empujó mi silla hasta el interior y la dejó frente a la plataforma, cerca del órgano. Era imposible levantarme.

Para entonces toda la congregación ya se había enterado de que estaba allí. Sonreí mientras pensaba: *Me ha llevado cinco meses volver a la iglesia desde la conferencia en Trinity Pines. Seré lento, pero soy fiel.*

Precisamente en ese instante alguien susurró a mi oído: «Queremos que le diga algo a la congregación». Se puso detrás de mí y me llevó hacia el centro del santuario, justo frente al púlpito.

En ese momento comenzaba ya a sentir cierto agotamiento. Es probable que hubiera estado cansado desde antes, pero tenía tal determinación por volver a la iglesia que me negaba a admitir lo cansado que me sentía. Había estado fuera de la cama durante más de dos horas. Nunca había estado tanto tiempo levantado, y también era la primera vez que pasaba tanto rato en la silla de ruedas.

Ahí vi que había sido una tonteria querer venir porque todavía no podía con las exigencias físicas. Mi obstinación había sobreestimado mi resistencia.

Quizá también me abrumó la amorosa respuesta de la congregación. No sabía si podría hablar. ¿Qué podía decir después de tan larga ausencia y de todo lo que había pasado?

Mientras intentaba pensar en algo me dieron un micrófono. Lo tomé y seguí pensando. *Ustedes no tienen idea de lo poco que contribuí a mi recuperación. Lo ven como un triunfo y yo solo veo que sobreviví.*

Luego resonó el aplauso espontáneo. Había esperado que se alegraran, pero esta ovación era una avalancha de alabanza a Dios. Todos se pusieron de pie y aplaudieron, y siguieron aplaudiendo durante mucho tiempo. Finalmente hice una seña para pedir silencio.

Los miré a todos, y me sentí culpable por su aplauso y emoción. No podía creer que me aplaudieran. *Si supieran*, pensaba. *Si tan solo supieran*.

Entonces, Dios me habló. Esta fue una de las pocas veces en mi vida en que oí una voz muy clara dentro de mi cabeza.

No es a ti a quien aplauden.

Nada más que esas palabras, pero fueron suficientes y pude hablar. Al fin, había entendido. Estaban dándole gracias a Dios por lo que él había hecho. Dios me había traído de regreso a la vida. Me relajé. Era un momento para glorificar a Dios. No era una alabanza para mí.

Tuve que esperar mucho hasta que cesaron los aplausos. Solo dije cuatro palabras. Cualquiera que haya estado allí ese glorioso día podrá decirles que dije: «Ustedes oraron. Estoy aquí».

La congregación irrumpió otra vez en un aplauso espontáneo. Si hubiera dicho algo más estoy seguro de que ni lo habrían oído.

No pude decirlo, pero lo creía entonces y lo creo hoy: sobreviví solo porque una cierta cantidad de gente lo quiso. No se dieron por vencidos, estaban desesperados, sentían pasión y creían que Dios les oiría. Por mí, oraron individuos que jamás habían orado en serio antes en su vida. Gente que no había pedido nada en años, clamó a Dios para que me salvara. Mi experiencia puso de rodillas a muchos, y un gran número de personas cambió durante este proceso de orar por mi vida.

Cuando vieron que sobreviví, esta misma gente, sobre todo aquellos que no tenían el hábito de orar, dijeron que la experiencia revolucionó sus vidas. En algunos casos, las personas a las que ni conocía —desde Cottonwood, Arizona, hasta Buffalo, Nueva York— oyeron mi historia de parte de amigos, amigos de amigos, y amigos de amigos de amigos. En los siguientes tres años hubo gente que se acercaba y me decía: «Lo vi en una entrevista en televisión. ¡Sí, es usted! Yo oré por usted». O habían oído uno de los mensajes grabados de mi testimonio, distribuidos por mi iglesia, y decían: «Usted no sabe lo que significa. Dios oyó *nuestras* oraciones y estamos muy felices de que sobrevivió».

Para algunos, no soy una persona, sino un símbolo. Para ellos represento la oración respondida. Quizá recuerden mi ministerio en la Iglesia South Park, o alguno de los mensajes que prediqué, pero lo que más recuerdan es que buscaron el rostro de Dios en oración profunda, sincera. Rogaron porque sobreviviera y así fue. No sé qué más decir, excepto que esto es algo que está muy por encima y mucho más allá de lo que soy.

Creo que también soy la respuesta humana a algunas de las preguntas para las que la gente busca respuesta. Desde que comencé a contarles a otros sobre mi experiencia en el cielo no puedo calcular la cantidad de gente que me preguntó cosas como: «¿Es el cielo real? ¿Cómo es el cielo en realidad?» O me preguntan cosas específicas sobre la adoración o las calles de oro. Siempre hay quien menciona a un ser querido que ha partido recientemente.

Saber que estuve ahí y volví a la tierra y que puedo hablar con ellos parece traer un profundo consuelo a mucha gente. Y a veces esto me asombra.

Hay otros que cuando ven las marcas en mi cuerpo el día de hoy dicen: «Usted es un milagro a causa de todo lo que le pasó. Es un milagro que camina».

12

SINCERO CONMIGO MISMO

De hecho, sabemos que si esta tienda de campaña en que vivimos se deshace, tenemos de Dios un edificio, una casa eterna en el cielo, no construida por manos humanas. Mientras tanto, suspiramos, anhelando ser revestidos de nuestra morada celestial, porque cuando seamos revestidos, no se nos hallará desnudos. Realmente, vivimos en esta tienda de campaña, suspirando y agobiados, pues no deseamos ser desvestidos, sino revestidos, para que lo mortal sea absorbido por la vida.

2 Corintios 5:1-4

Dios usó a mi mejor amigo, David Gentiles, para mantenerme vivo, y estoy agradecido por eso. También usó a David otra vez en mi vida casi dos años después del accidente.

Hasta entonces jamás le había contado a nadie mi experiencia celestial. Había hablado con Eva en sentido general, pero siempre interrumpía la conversación antes de que me hiciera preguntas. Tácitamente, ella entendía que parte de mi experiencia era muy mía. Y debo darle el crédito de que jamás me presionó para que le dijera más.

No es que quisiera escatimarle u ocultarle algo a Eva. Es que no podía hablar sobre la experiencia. A veces, sentía que había sido demasiado sagrada y que al intentar explicarla estaría haciéndolo en detrimento del incidente.

Casi un año y medio después de que saliera del hospital David vino a Houston para un fin de semana de discipulado. O lo usó como excusa para venir a la casa y pasar un tiempo conmigo.

Cuando estuvimos a solas, recordé al instante el momento en que estaba en la UCI y le había dicho que ya no podía seguir adelante. Fue allí cuando me dijo que oraría para que lo lograra. Hablamos de ese día y volví a agradecerle por su amistad y su inclaudicable compromiso con la oración.

—¿Cómo te sientes hoy? —preguntó.

—Me duele —intenté reír y añadí—, siempre me duele, pero esa no es la peor parte en este momento.

Se acercó un poco más.

—¿Y cuál es la peor parte?

—No sé a dónde voy. Me falta dirección para mi futuro.

David escuchó mientras le contaba sobre las cosas que quería hacer, las cosas que físicamente no podía hacer, y cómo no estaba seguro de que Dios quisiera que siguiese en South Park. Sentía que me amaban y me necesitaban ahí, pero no estaba seguro de dónde tenía que estar.

Escuchó durante un rato largo y luego preguntó con suavidad:

—¿Qué aprendiste de tu accidente y tu recuperación?

Durante tres o cuatro minutos compartí con él varias cosas, sobre todo lo de abrir una puerta para que entraran otros y permitirles que me ayudaran. Luego dije:

—Pero en medio de todo este sufrimiento y desesperación aprendí que el cielo es real.

Arqueó las cejas.

—¿A qué te refieres?

Lentamente, con dudas, compartí un poco, muy poco, de mi breve visita al cielo.

—Cuéntame más —dijo.

Y no lo sentí como una invasión. Era mi amigo y quería saber. También percibí que podía hablar con David sobre el cielo y que en lo humanamente posible entendería.

—Yo morí en ese accidente. En un instante estaba en el cielo —le dije.

Se incorporó, y aunque esperaba en silencio para escuchar lo siguiente, vi que no podía aguantar la excitación.

Cuanto más le contaba tanto más se animaba. Al mirar atrás creo que la exuberancia de David era una combinación de mi confirmación personal de la realidad el cielo y su alivio al saber que algo bueno había surgido de mi larga pesadilla.

Después que le conté mi experiencia en el cielo no dijo nada, y un silencio de paz llenó la habitación. Nuestra amistad era de esas que no necesitan de palabras para llenar los vacíos.

David finalmente asintió y preguntó:

—¿Por qué no has hablado de esto antes?

—Tengo dos buenas razones. Número uno, si voy por ahí diciendo que he estado en el cielo la gente creerá que estoy chiflado.

—¿Por qué creerías eso? Yo te oí y no pienso...

—Número dos —interrumpí—, no quiero regresar a esa experiencia otra vez. Es algo... bueno, demasiado personal. Demasiado especial. Es algo que no he procesado lo suficiente como para entenderlo yo mismo. No es que no quiera compartirlo, pero creo que no puedo.

—¿Por qué crees que experimentaste el cielo si no has de contarlo?

—No tengo respuesta para tu pregunta.

—¿Por qué?

—Tengo otra pregunta mejor, que me he hecho muchas veces: ¿Para qué lo viví y luego me lo quitaron? ¿Para qué?

Todos los meses de ira retenida estallaron, todo ese tiempo de angustia interior salió de repente.

—Bueno, ¿por qué tuve que pasar por esto? Vi la gloria y la belleza, atravesé por la experiencia más potente y sobrecogedora de mi vida, y luego tuve que volver. ¿Por qué? ¿Para esto? —dije señalando mi brazo y mi pierna—. Escucha. Tuve un accidente que me quitó la vida. De inmediato fui al cielo y fue más grandioso y más maravilloso de lo que jamás imaginé. Tuve un magnífico vistazo del cielo y luego de un tirón volví a esta vida. Mi cuerpo es un desastre. Me duele todo de continuo. Jamás volveré a estar sano ni a ser fuerte. Sigo procesándolo porque... porque francamente me parece cruel.

David me miró, callado. Luego preguntó:

—¿Por qué crees que lo viviste si no vas a contarlo ni compartirlo?

—Ya te dije que no tengo respuesta para esa pregunta.

—¿No es posible que Dios te haya llevado al cielo y te haya traído de regreso para que compartas lo que te pasó? ¿No te das cuenta del aliento que puedes darle a los demás?

Sus palabras tuvieron un impacto arrollador. Había estado demasiado concentrado en mí mismo. Nunca había pensado en nadie más.

Me quebré mientras intentaba contarle cómo me sentía y explicármelo a mí mismo. Lloraba frente a él, sabiendo que no había problemas, que podía hacerlo.

Durante unos veinte minutos hablamos de esto. David me iba incitando, y aunque yo sabía que tenía razón no me era fácil compartir mi experiencia.

Luego David dijo:

—Quiero que hagas un pacto conmigo.

—¿Qué tipo de pacto?

—Simple. Elige dos personas en las que confíes. Solo cuéntales parte de tu experiencia y mide su reacción.

Luego me explicó que si pensaban que estaba loco o que había tenido alucinaciones, nunca tendría que volver a hablar de ello.

—Pero si se regocijan contigo —dijo— y te urgen a que les cuentes más, quiero que lo tomes como una señal. Una señal de que Dios quiere que hables de esos noventa minutos que pasaste en el cielo.

Pensé en ello con cuidado y acepté.

—Bueno, eso puedo hacerlo.

—¿Cuándo?

—Te prometo que será pronto.

—¿Muy pronto?

—Está bien. Te prometo que no lo postergaré.

David oró por mí y mientras lo escuchaba tuve la certeza. Ya no podía elegir. Tenía que decirlo, pero lo haría a mi modo.

Primero determiné en quiénes confiar. Cuando logré elegir unas cinco personas, continué siendo cauto. Me aseguré de que fuera una conversación a solas. Esperaría hasta que surgiera el tema de mi salud, y como esto pasaba siempre, sabía que diría algo sencillo como: «Sabes, yo morí ese día. Y desperté en el cielo».

La reacción fue la misma con todos: «Cuéntame más». No siempre eran esas palabras exactas, pero sí era lo que deseaban. Abrían los ojos bien grandes y querían saber más.

Yo les contaba un poco más, y ninguno cuestionó mi cordura. Nadie me dijo que había sido una alucinación.

—Tienes que contarle esto a la gente —dijo uno de ellos.

—Esa experiencia no fue solo para ti —me dijo otro amigo—. Es para nosotros también. Es para mí.

Mientras escuchaba a cada uno a lo largo de esas dos semanas siguientes, supe que estaba de regreso en el punto donde me encontraba en el hospital cuando Jay me reprendió. Esa vez yo no quería dejar que nadie me ayudara, y había sido egoísta. Esta vez tampoco quería compartir lo que me había pasado, y eso era egoísta también.

«Está bien. Lo contaré», me prometí.

Como prácticamente todos sabían ya de mi trágico accidente usaba la ocasión como catalizador natural para hablar de mi tiempo en el cielo, con cautela al principio. Al ver que la gente respondía con apoyo y aliento me abrí un poco más, y ya no calculaba tanto a quién le contaría y a quién no.

Quiero dejar bien en claro que aunque sabía que tenía que hacerlo, no me era fácil. Todavía hoy, que han pasado años, va en contra de mi naturaleza hablar en persona y con profundidad sobre las cosas de mi vida. En la actualidad solo hablo de mi vistazo del cielo cuando alguien me pregunta, y solo porque siento que la persona en realidad quiere saber. De otro modo, no hablaría de ello si pudiera elegir.

Eso forma parte de la razón por la que me llevó tantos años escribir este libro. No quería que mi experiencia en el cielo y mi regreso a la tierra fueran mi única razón para seguir viviendo. Por el contrario, fue una experiencia tan extraordinariamente personal e íntima que volver a repetirla una y otra vez no me resulta cómodo.

Hablo de mi experiencia cuando estoy a solas con alguien y también en público. Escribo sobre lo que pasó porque mi historia parece tener un gran significado para mucha gente por diversas razones. Por ejemplo, cuando hablo ante una multitud, siempre habrá alguien que ha perdido a un ser querido recientemente y que necesita tener una certeza acerca del destino de esa persona.

Cuando termino, siempre me asombra lo rápido que se forma la línea de personas que quieren hablarme. Vienen con lágrimas en los ojos y con el dolor escrito en sus rostros. Estoy muy agradecido por poder ofrecerles paz y tranquilidad.

He aceptado que mis palabras les dan consuelo, pero no es algo que haya planificado. Si no hubiera sido porque David Gentiles me estimuló, estoy seguro de que hasta el día de hoy no se lo habría contado a nadie.

Estoy muy agradecido porque insistió, ya que he visto el efecto no solo en los servicios de adoración sino también cuando oficio en los funerales. En realidad, mi experiencia ha cambiado muchas cosas en el modo en que veo la vida. Cambié mi forma de oficiar en los funerales. Ahora puedo hablar del cielo con la autoridad de quien sabe algo de primera mano.

Además de mi propia experiencia milagrosa, cuatro cosas se destacan de mi viaje al cielo. Primero, estoy convencido por completo de que Dios responde a las oraciones. La oración respondida es lo que hizo que hoy siga vivo. Segundo, creo de forma incuestionable que Dios sigue haciendo milagros. Muchas personas leen sobre lo sobrenatural en la Biblia y piensan: *Esto solo pasaba en los tiempos bíblicos.* Estoy convencido de que Dios sigue haciendo cosas extraordinarias. Cada día, le agradezco al Señor por ser un milagro viviente, andante y parlante.

Tercero, quiero que vaya al cielo la mayor cantidad de personas posible. Siempre creí la teología cristiana que declara que el cielo es real, un lugar para el pueblo de Dios. Después de mi propia experiencia de haber estado allí, siento con mayor fuerza la responsabilidad de dejar bien en claro cuál es el camino. No solo quiero que la gente vaya al cielo sino que ahora siento la urgencia de ayudarles a orientar sus vidas para que puedan tener la certeza de que irán allí cuando mueran.

He pensado en las personas que mueren en los accidentes automovilísticos. En los servicios evangelísticos muchos utilizan esas historias como táctica de miedo para manipular a la gente a comprometerse a Jesucristo. Sin embargo, a partir de mi experiencia, veo esos accidentes como posibilidades definitivas de muerte en cualquier momento de nuestra vida. No quiero ver que muera más gente sin Jesucristo.

En una ocasión Dick Onerecker y yo hablamos una vez sobre esta urgencia. Él entendió por qué me sentía de esta manera. Luego le dije:

—Dick, quiero agradecerte de nuevo por salvarme la vida. Es obvio que no puedo darte las gracias lo suficiente por tu fidelidad al obedecer a Dios ese día lluvioso.

—Es algo que habría hecho cualquiera —respondió, y comenzó a llorar.

—No quise molestarte —dije y me sentí mal porque había dicho algo que le hizo llorar—. Es lo último que querría hacer.

—No es por eso que lloro.

Pasaron varios minutos antes de que recuperara la compostura.

—¿Por qué llorabas?

—Estaba pensando en que llegué a la escena del accidente y le pregunté al policía si podía orar por ti, y pensé en ello como algo que haría cualquier cristiano. Aunque dijo que estabas muerto, yo sabía que tenía que orar por ti. Solo podía pensar en que estabas lastimado y quería que te sintieras mejor. No hice nada fuera de lo común.

—Pero sí lo hiciste. Cuando el policía te dijo que ya estaba muerto...

—Escúchame, Don. Si vieras a un niñito que corre en la calle, irías enseguida para intentar salvarle la vida. La naturaleza humana es así. Intentamos preservar la vida y yo lo haré siempre que tenga oportunidad. Tú también lo harías.

Estábamos sentados en un restaurante, e hizo una pausa para mirar alrededor.

—Sin embargo, estamos sentados aquí, rodeados de personas entre las cuales habrá muchos que probablemente estén perdidos y vayan al infierno, y no obstante no les decimos ni una palabra sobre cómo pueden llegar a tener vida eterna. Hay algo mal en nosotros.

—Tienes toda la razón —le dije—. Estamos dispuestos a salvar a alguien en una crisis visible, pero hay mucha gente en crisis espiritual y no les decimos nada de cómo pueden salir de eso.

—Por eso lloraba. Estoy convencido de lo mal que actúo con mi silencio, con mi miedo de hablarle a la gente, con mi reticencia a decirlo todo en voz alta.

Dick dijo entonces, y luego lo repitió, que el oír sobre mi experiencia y su rol en mi regreso a la tierra le había liberado. Después de eso, comenzó a sentir un coraje que no había tenido antes en cuanto a hablar de Jesucristo.

13
LA MANO QUE AFERRA

Él es el motivo de tu alabanza; él es tu Dios, el que hizo en tu favor las grandes y maravillosas hazañas que tú mismo presenciaste.

DEUTERONOMIO 10:21

Tuve el privilegio de compartir mi historia en la iglesia de Dick, la Primera Iglesia Bautista de Klein, casi un año después del accidente. Su esposa Anita también estaba allí, lo mismo que mi familia. Como todavía llevaba puestos los arneses en las piernas dos personas tuvieron que ayudarme a subir a la plataforma.

Les conté a todos sobre el accidente y sobre la parte que Dick había tenido en mi regreso: «Creo que estoy vivo hoy porque Dick oró para que volviera a la tierra», dije. «De mis primeros momentos de conciencia hay dos cosas que resaltan en mi memoria. Primero, que estaba cantando "Oh, qué amigo nos es Cristo", y segundo, que la mano de Dick aferraba la mía con fuerza».

Después del servicio de adoración muchos fuimos a almorzar juntos a un restaurante chino. Anita estaba sentada frente a mí. Recuerdo haber estado tomando mi *sopa wonton* y que pasamos un momento muy agradable con los miembros de la iglesia.

En un momento se hizo una pausa en la conversación. Anita se inclinó hacia mí y me dijo en voz baja:

—Aprecio todo lo que dijiste esta mañana.

—Gracias —contesté.

—Hay una sola cosa, algo que necesito corregir de lo que dijiste en tu mensaje.

—¿Ah, sí? —sus palabras me impactaron—. Intenté ser lo más exacto posible en todo lo que dije y por cierto no era mi intención exagerar en nada. ¿Qué es lo que dije que no fue correcto?

—Estabas hablando de cuando Dick se metió en el auto para estar contigo. Y dijiste que oraba por ti mientras te aferraba la mano.

—Sí, lo recuerdo muy bien. Tengo brechas en la memoria, y no recuerdo muchas cosas.

Esa mañana había admitido que parte de la información que daba me había llegado de segunda mano.

—Recuerdo con toda claridad que Dick estaba en el auto y oraba conmigo.

—Eso es verdad. Sí estuvo en el auto y oró contigo —y se acercó un poco más—, pero Don, nunca te tomó la mano.

—Yo recuerdo a la perfección que sostenía mi mano.

—No sucedió. Era físicamente imposible.

—¡Pero lo recuerdo muy bien! Es una de las imágenes más vívidas en mi...

—Piénsalo, Don. Dick estaba inclinado hacia delante desde el baúl y por encima del respaldo del asiento trasero. Puso su mano sobre tu hombro y te tocó. Tú estabas mirando hacia delante, y tu brazo izquierdo pendía de un colgajo de piel.

—Así es.

—Dick dijo que estabas echado sobre el asiento del acompañante.

Cerré los ojos, y visualicé la imagen que me presentaba. Asentí.

—Tu mano derecha estaba sobre el piso, del lado del acompañante. Aunque la lona cubría el auto había luz suficiente como para que Dick viera tu mano. Pero de ninguna manera pudo llegar a tomártela.

—Pero... es que... —balbuceé.

—Alguien estaba aferrando tu mano. Pero no era Dick.

—Si no era Dick, ¿quién era?

Sonrió y dijo:

—Creo que ya lo sabes.

Dejé mi cuchara y la miré fijo durante unos segundos. No tenía duda alguna de que alguien me había tomado la mano con firmeza. Y entonces lo entendí:

—Sí, creo que lo sé.

De inmediato, pensé en el versículo de Hebreos que habla sobre la presencia de los ángeles aunque no los veamos. Lo pensé durante un momento y también recordé otros incidentes donde no había más que una explicación espiritual. Por ejemplo, muchas veces a mitad de la noche mientras estaba en el hospital me sentía en mi peor momento. No había nadie, no veía a nadie ni oía a nadie. Sin embargo, percibía una presencia, alguien que me sostenía y alentaba. También eso era algo que no había mencionado a nadie. No lo podía explicar, por lo que suponía que nadie lo entendería.

Era otro milagro y no lo habría visto si Anita no me lo hubiese señalado con su corrección.

Cinco años después de mi accidente, Dick y yo aparecimos en el *Club 700* de Pat Robertson.

Vino un equipo de filmación a Texas para hacer la representación del accidente, y luego me pidieron que hablara de mi visita a las puertas del cielo. El *Club 700* emitió ese programa varias veces en los dos años subsiguientes.

En una de esas irónicas vueltas que tiene la vida Dick murió de un ataque al corazón en el año 2001. Confieso que me entristeció mucho su partida, pero al mismo tiempo me deleitaba porque está en gloria. Dick salvó mi vida y Dios lo llevó al cielo a él antes que a mí. Me alegré porque hubiera oído mi relato del viaje al cielo antes de que tuviera que hacer él mismo este viaje.

Luego de esa experiencia con Anita un poco más de un año después del accidente me he convencido todavía más de que Dios me hizo volver a esta tierra con un propósito. El ángel que aferraba mi mano era la manera en que Dios me sostenía y hacía saber que no me abandonaría, por difíciles que fueran las cosas.

Quizá no sienta esa mano día a día, pero sé que está allí.

14
LA NUEVA NORMALIDAD

Pero yo te restauraré y sanaré tus heridas —afirma el Señor— porque te han llamado la Desechada, la pobre Sión, la que a nadie le importa.

JEREMÍAS 30:17

Algunas cosas nos suceden y jamás nos recuperamos, porque interrumpen la normalidad de nuestra existencia. Así es la vida.

La naturaleza humana tiende a intentar reconstruir los caminos antiguos y retomarlos allí donde se interrumpió lo que hacíamos. Si fuéramos sabios no seguiríamos intentando volver al pasado (porque de todos modos, no podemos). Tenemos que olvidar lo viejo y aceptar «la nueva normalidad».

Desperdicié mucho tiempo pensando en cuando estaba sano y no tenía limitaciones físicas. En mi mente reconstruía *cómo debía* ser mi vida, pero en realidad, mi vida jamás volvería a ser la misma. Tenía que adaptarme y aceptar mis limitaciones físicas como parte de mi nueva normalidad.

De niño solía sentarme en una gran alfombra marrón en casa de mis bisabuelos y escucharlos hablar de los viejos buenos tiempos. Después de oír varias historias, pensaba: *No eran tan buenos esos tiempos*. Por lo menos, los recuerdos que contaban no me parecían tan buenos.

Quizá para ellos sí lo fueran, o tal vez habían olvidado las cosas negativas de esos días. En algún momento de nuestra vida la mayoría de nosotros quiere volver a un tiempo más feliz, más sencillo, con más salud. No podemos, pero seguimos soñando sobre cómo era todo antes.

Cuando tenía veintitantos años y era DJ, solíamos pasar música vieja y la gente que llamaba para pedir las canciones comentaba a menudo que la música de antes era mejor que la de ahora. La realidad es que en los viejos tiempos había música buena y mala, pero la mala desaparece rápido de la memoria, como sucede hoy también. Nadie jamás pedía música mala. Las buenas canciones hacían que los tiempos de antes parecieran excelentes, como si toda la música fuera grandiosa. En realidad, había música mala hace treinta o cincuenta años, y realmente había mucha. Lo mismo sucede con las experiencias. Solemos olvidar las negativas y volver a recordar los momentos agradables. En verdad nuestra memoria es selectiva y también lo es el olvido.

Una vez que entendí esa idea decidí que ya no podía recapturar el pasado. Por mucho que intentara idealizarlo esa parte de mi vida ya había pasado y jamás volvería a estar sano o ser fuerte. Lo único que podía hacer era descubrir una nueva normalidad.

Sí, me dije, *hay cosas que nunca podré volver a hacer. No me gusta eso y quizá lo detesto, pero eso no cambia la realidad. Cuanto antes haga las paces con esto y acepte las cosas tal como son, tanto antes podré vivir en paz y disfrutar de mi nueva normalidad.*

He aquí un ejemplo de lo que intento decir.

A comienzos del año 2000 llevé a un grupo de universitarios a esquiar a Colorado. Esquiar es algo que siempre me gustó hacer. Como no podía participar, permanecí en la cabaña al pie de la colina y por la ventana los veía deslizarse por la nieve. Me invadió la tristeza y pensé: *No tendría que haber venido. Fue un gran error.* Porque aunque estaba feliz por ellos, lamentaba mi incapacidad para volver a esquiar.

Luego, por enésima vez, pensé en tantas otras cosas que ya no podría hacer. Como pastor principal la mayoría de los adultos me saludaban a la salida de la iglesia: «Muy bueno su sermón», solían decir.

Por su parte, los niños, se comportaban de manera distinta. Venían corriendo a traerme un dibujo pintado por ellos. Antes de mi accidente me encantaba que los niños se agruparan alrededor de mí. Me arrodillaba y conversaba con ellos. Después de mi recuperación ya no podía hacerlo ni mirar sus caritas sonrientes como lo hacía antes, diciendo: «Gracias por tu dibujo. Me gusta mucho, de veras».

Después de ocurrir mi accidente lo mejor que podía hacer era inclinarme hacia delante y hablarles. No parece gran cosa, pero para mí es un detalle importante. Nunca podré volver a agacharme. Tampoco podré arrodillarme para estar a la altura de un niño porque mis piernas ya no tienen esa capacidad.

Aquí va otro ejemplo: Cuando voy a un restaurante de comida para llevar y ordeno desde el auto, ya no puedo alcanzar a tomar el vuelto con el brazo izquierdo. Tengo que voltearme y extender el brazo derecho. Puede parecer raro, y hay gente que me mira y no lo entiende, pero no puedo hacer más que eso.

Aunque ninguno de estos ejemplos es dramático son recordatorios de cosas que damos por sentadas todos los días, que no las pueden quitar para siempre, de repente, y entonces cambiamos y ya no volveremos a ser como éramos antes.

Durante el tiempo que estuve en el hospital alguien me dio un artículo de una revista sobre un joven que había perdido la vista. Pasó por una etapa de gran amargura y depresión. Escribía que se sentía tan desmoralizado que un amigo que lo quería lo suficiente como para decirle la verdad le comentó: «Tendrás que dejar atrás esto».

Dejé de leer en ese momento y pensé: *Sí, suena como me sentía yo después del accidente.* El artículo contaba que el amigo del joven ciego le dio instrucciones prácticas:

—Haz una lista de todas las cosas que todavía puedes hacer.

—¿Qué clase de lista será esa? —respondió enojado el ciego.

—Hazlo por mí nada más. Escríbela si quieres, pero también puedes grabarla en un casete. Hablo de cosas simples como: «Puedo oler las flores». Que sea lo más larga posible. Cuando hayas terminado la lista, quiero verla u oírla.

El ciego al fin accedió, y enumeró todo lo que podía hacer. No sé cuánto tiempo transcurrió, pero cuando volvió su amigo el ciego estaba en paz, sonriendo.

—Se te ve mucho más animado que la última vez que estuve aquí —dijo el amigo.

—Sí, lo estoy. Y es porque estuve haciendo mi lista.

—¿Cuántas cosas hay en ella?

—Hasta ahora, unas mil, más o menos.

—Eso es fantástico.

—Algunas cosas son muy simples. Ninguna es grande, pero hay miles de cosas que puedo seguir haciendo.

El ciego había cambiado tanto que su amigo le preguntó:

—Dime qué fue lo que te hizo cambiar.

—Decidí hacer todo lo que puedo. Cuanto más lo pensaba, tantas menos limitaciones encontraba. Hay miles de cosas que puedo hacer y las haré durante el resto de mi vida.

Después de leer ese artículo pensé: *Es justo lo que necesito... no lamentarme, llorar y recordar una y otra vez cómo eran las cosas, o qué tenía y ya no tengo. Necesito descubrir qué tengo ahora, y no solo para celebrarlo, sino para reconocer que no soy inútil.*

Mientras seguía meditando en esta idea me di cuenta de que tenía mucho más de lo que pensaba. Me había concentrado tanto en lo que había perdido que olvidaba todo lo que me había quedado. Y no había visto las oportunidades que de otro modo quizá nunca hubiera probado.

En el artículo el joven ciego decía algo así como: «No voy a preocuparme por todo lo que no puedo hacer. Haré aquello que sí puedo hacer bien». Esas palabras sonaban sencillas.

Leí ese artículo en el momento justo y las palabras me parecieron increíblemente profundas. Dios me había enviado el mensaje que necesitaba en el momento en que lo necesitaba. Era uno de esos momentos poderosos que me hacían decir: «Tengo que seguir con mi vida. Usaré y magnificaré al máximo lo que tengo».

Me queda menos tiempo, pensé, *pero a todos nos sucede lo mismo.* Supongo que tengo mayor conciencia del tiempo por dos razones: Primero, porque perdí una gran porción de mi vida a causa del accidente. Segundo, porque sé que no nos quedamos por mucho tiempo en esta tierra.

Como dicen tantos himnos antiguos, en realidad somos como forasteros que estamos de paso. Es algo que todos sabemos a partir de la lectura de la Biblia y otros libros, pero esta nueva conciencia fue como el sonido de una alarma para mí.

Además sé que mis seres queridos me esperan a las puertas del cielo. Algunos días añoro por volver allí.

Pero también sé que tengo que esperar hasta que Dios me envíe otra vez a ese lugar.

Los miembros de la Iglesia Bautista de South Park hicieron la mudanza de mi familia mientras estaba en el hospital. Habíamos estado viviendo en un pueblo llamado Friendswood, a unas diez millas de la iglesia. No habíamos encontrado un lugar más cerca. Mientras estaba en el hospital los líderes de la iglesia encontraron una casa, la alquilaron, empacaron todas nuestras cosas e hicieron la mudanza. Al salir del hospital entré en una casa que nunca antes había visto. Después de que se retirara la ambulancia y me pasaran de la camilla a la cama ortopédica en la sala miré por primera vez lo que sería mi nuevo hogar.

Me adapté pronto porque durante mucho tiempo solo pude ver la sala, donde estaba mi cama.

En algunos aspectos la mudanza a la casa alquilada fue más difícil para mi familia que para mí. Yo percibía parte de los ajustes y los problemas que enfrentaba mi esposa durante mi enfermedad. Eva casi pierde su empleo porque había pasado tanto tiempo conmigo que ya había agotado sus licencias por vacaciones, enfermedad o días de capacitación. Otros maestros le donaron sus días de licencia por enfermedad para que ella pudiera estar conmigo. Sin embargo, con el tiempo se acabaron también esas licencias donadas y tuvo que volver a su puesto de trabajo. Ella era nuestra principal fuente de ingresos.

Los colegas de Eva en la Escuela Primaria Robert Louis Stevenson, de Alvin, la ayudaban corrigiendo, planificando lecciones, cubriendo sus clases cuando ella venía temprano a verme. Sus compañeros también le daban regalitos para nuestros hijos de modo que siempre tuvieran algo que esperar. Ellos los llamaban «cajitas sorpresas». Los maestros también venían a casa, junto con los miembros de la iglesia, a limpiar y traer comida. Si no hubiera sido por los maestros y la iglesia Eva hubiera perdido su empleo y yo también. No obstante, a pesar de toda esa increíble ayuda, sacrificio y bondad, es un milagro para mí cómo ella y los niños pudieron sobreponerse a ese semestre de la primavera de 1989.

Una vez cuando Eva preguntó por mi pronóstico a largo plazo la enfermera le dijo: «Querida, no hace falta que sepas todo eso. Solo eres una esposa».

Para esa enfermera quizá fuera «solo una esposa», pero Eva se hizo cargo y se desempeño como padre y madre después del accidente. Siempre me había ocupado de las cuentas, el banco, el seguro y la mayor parte de los asuntos familiares. Ella no tuvo más opción que ocuparse de todo esto, y lo hizo muy bien. Encontró fuerzas y un nuevo nivel de confianza. Dios le proveyó sabiduría para ayudarle a ocuparse de los asuntos de la familia. También aprendió a mantener la calma ante mis quejas y protestas por mi larga recuperación.

La iglesia no dejó de pagarme, pero sabíamos que tenían derecho a hacerlo porque yo no estaba trabajando. Nunca hablamos sobre el dinero, pero era una posibilidad que pendía sobre nuestras cabezas.

Cuando la corte halló culpable al estado de Texas por el accidente, la ley limitó esta responsabilidad a doscientos cincuenta mil dólares. Todo el dinero se fue en cuentas de hospital, y un cuarto de millón de dólares se esfumó delante de nuestras narices.

Irónicamente, el fiscal general de Texas defendió al hombre que conducía el camión que me arrolló porque el acusado era un preso indigente. Por lo tanto mis impuestos se usaron para defender al estado y al hombre causante del accidente. ¿No es rara la vida a veces?

Durante los ciento cinco días que pasé en el hospital Eva fue quien cargó con el peso mayor. No solo tuvo que hacerse cargo de todo en casa sino que además se levantaba a las seis de la mañana todos los días, hacía lo que podía por arreglar y ordenar, y luego salía corriendo hacia la escuela. Apenas salía del trabajo venía a verme y se quedaba a mi lado hasta las diez y media de la noche. Día tras día la misma rutina estresante.

Una de las experiencias más difíciles para ella fue la de comprar una camioneta para reemplazar el auto destrozado. Para entonces yo ya estaba en casa y podía caminar con el marco de Ilizarov todavía puesto en mi pierna. Esto significaba que si quería ir a alguna parte necesitaba que me transportaran en camioneta. No teníamos idea de cuánto tiempo pasaría antes de que pudiera sentarme en un auto común.

Eva no había comprado un auto en su vida, pero no se quejó. Fue a ver un concesionario, probó una camioneta, eligió una y la trajo a casa.

«Aquí está nuestra camioneta», dijo.

Me sentí muy orgulloso de ella, y muy agradecido también.

Aprendí a conducir de nuevo en esa camioneta. Un día cuando la familia la lavaba salí con el Ilizarov puesto todavía. Mientras caminaba alrededor del vehículo vi que la puerta del lado del conductor estaba abierta. Calculé que sería un poco difícil, pero yo y mis quince kilogramos de acero inoxidable podríamos entrar tras el volante. Cuando nadie me veía, subí, me ubiqué en el asiento y encendí el motor. Todos quedaron estupefactos.

Eva vino y me preguntó:

—¿Qué estás haciendo?

—Voy de paseo —le dije sonriendo.

—Es que no puedes —balbuceó sin poder creerlo.

Sin embargo, algo me decía que aunque no había conducido durante casi un año, y a pesar de haber prácticamente muerto en un accidente la última vez que lo hice, era ahora o nunca.

Retrocedí con lentitud y conduje alrededor de la manzana. No fue un paseo largo, pero marcó un hito más en mi

recuperación. Todavía me desagradan los camiones de dieciocho ruedas y los puentes de dos carriles, pero hasta ahora
me las arreglo para llegar adonde quiero ir.

Por supuesto, a Eva le tocaba hacer todas mis citas y ver
que llegara al consultorio del médico dos veces a la semana.
Y debo agregar que yo no era el paciente más fácil de cuidar.
En realidad era difícil. A medida que mejoraba mi salud me
ponía cada vez más seco y exigente (aunque no me daba
cuenta) y a Eva le causaba mucho trabajo intentar agradarme,
aunque lo hacía muy bien.

El hecho es que era muy infeliz. Muchos de mis problemas se originaban en esa sensación de inutilidad que me
acompañaba todo el tiempo. No podía siquiera buscarme
un vaso de agua. Y aunque hubiera podido servírmelo, no
podría beberlo sin ayuda. Hasta las tareas más simples me
hacían sentir inútil.

Eva muchas veces tuvo que tomar decisiones sin poder
consultarme. Hacía lo mejor que podía. A veces, cuando me
contaba lo que había hecho, enseguida le decía lo que habría
hecho en su lugar. Casi al instante me daba cuenta de que había
herido sus sentimientos, pero ya las palabras habían sido dichas.
Me recordaba a mí mismo y a ella también: «Lo lamento. Estás
haciendo todo lo que puedes». También me recordaba que
no importaba cómo hubiera hecho yo las cosas, el hecho es
que no podía hacerlas.

Aunque Eva no hablaba mucho entonces, más tarde me
permitió leer su diario. Una de las anotaciones era: «Don
critica todo lo que hago. Debe estar mejorando».

Eso me resulta triste y gracioso a la vez. Sabía que estaba mejorando porque comenzaba a tomar decisiones una vez más. El deseo de estar activo para hacer las cosas era la vara con que medía mi recuperación. Yo parecía querer involucrarme más y cuestionar lo que sucedía.

Solo deseo haber podido ser mejor paciente para hacerle la vida más fácil.

La peor parte de mi convalecencia para la familia consistió en que tuvimos que despegarnos de nuestros tres hijos. No eran huérfanos, pero vivieron con otra gente durante unos seis meses. Los mellizos fueron a la casa de los padres de Eva, en Louisiana. Sabía que no estaban contentos por tener que irse tan lejos. La distancia hacía que se sintieran aislados, separados, pero pudieron sobrellevarlo bastante bien. Todavía estaban en la escuela primaria y a esa edad probablemente no sea tan difícil adaptarse a una escuela distinta. Nicole, que tenía cinco años más y en ese momento ya había cumplido trece, se mudó con la familia de su amiga y pudo permanecer en su escuela. Habría sido mucho más traumático para ella si hubiese tenido que mudarse.

El accidente sucedió en enero y los niños no volvieron a casa para quedarse hasta el mes de junio. Me sentía muy mal por no poder proveer para nuestros hijos.

Venían a verme los fines de semana cuando estaba en el hospital, y esto era duro para ellos. Cuando me visitaron por primera vez el psicólogo fue muy amable con ellos. Los llevó a una habitación y les mostró un muñeco de tamaño real con dispositivos similares a los que tenía en el cuerpo. Así les explicó lo que verían cuando entraran en mi habitación.

Me alegro que lo hiciera, porque hasta algunos adultos que no tuvieron tal preparación se mostraron impresionados cuando me vieron por primera vez. Y en mis condiciones, yo interpretaba su reacción como de horror.

Cuando los niños vinieron a mi habitación por primera vez los tres se acercaron todo lo posible para poder abrazarme. Me amaban y querían ver por sí mismos que estaba bien. Por supuesto, estaba apenas sobreviviendo, pero me hizo mucho bien verlos. El personal no les permitió quedarse mucho tiempo. Y aunque me veía horrible, los chicos me creyeron cuando les dije que me recuperaría.

Cuando salieron, Eva volvió a entrar en la UCI. No recuerdo esto... ni tampoco muchas otras cosas de esos días. Dice que la miré, cubierto con la máscara de oxígeno, y dije: «Tenemos los mejores niños del mundo».

Nunca tuve la impresión de que nuestros hijos sintieran que les faltaba algo, pero sí siento a veces que se perdieron algunas experiencias con su padre.

Cuando al fin salí y pude caminar, recuerdo haber intentado jugar a la pelota con los chicos, aunque sabía que no podría dar más de uno o dos pasos. Si uno de ellos le daba a la pelota y la misma se iba lejos, no podía ir tras ella. Se sentían muy mal por esto.

Sentí que mis limitaciones les impedían disfrutar del juego, así que dejamos de jugar. Aunque no lo dijeron, sabía que no querían verme tratando de correr o arriesgándome a tener una caída... a pesar de que muchas veces sí caí al suelo.

Además, a ambos les gusta surfear, y antes del accidente

yo iba con ellos. Después que pude caminar y conducir hubo varias ocasiones en que los subí con sus tablas en la camioneta y los llevé al golfo, pero no podía hacer nada con ellos. Solo podía observar. Parecían entender, pero de todas formas era duro para mí.

No dudo que hay cosas que mis hijos probablemente quisieran hacer, pero nunca las mencionaron para evitar ponerme en una situación en que tuviera que decidir si iba a lastimarme o no. Así que siento que a mis hijos les faltaron algunas cosas normales de los muchachos que van creciendo.

Nicole, de niña, tenía ese «apego por papá». Era nuestra hija mayor. Expresaba sus sentimientos de manera muy distinta a la de Joe, que es un chico muy emocional. Chris es el más desenvuelto, aunque es profundamente sensible y no muestra sus sentimientos con la misma facilidad que su hermano mellizo.

Mientras escribía este libro, les pedí a mis hijos que me dijeran cómo el accidente les afectó a ellos y a la familia, y de qué manera cambió la percepción que tenían de mí. Cuando sucedió el accidente en 1989, Nicole tenía trece años. Esta es su respuesta:

El mayor impacto sobre mi vida fue vivir lejos de mis padres durante varios meses. Viví con la familia Mauldin, de nuestra iglesia, durante ese tiempo. El accidente me enseñó a apreciar a mi familia. Me siento muy cerca de todos ellos porque sé lo afortunada que soy al formar parte de una familia tan maravillosa. También siento que puedo ayudar a las personas en situaciones de crisis porque aprendí desde temprano a usar la oración y a los amigos para que me ayudaran a pasar por los momentos difíciles. Este incidente me hizo ver la vida de modo diferente. Desde muy joven, pude ver que la vida es preciosa y que tenemos que aprovechar cada momento.

Siento que nuestra familia se unió mucho a causa del accidente. También pienso que nos cuidamos de verdad y que haríamos lo que fuera el uno por el otro. Los chicos y yo tenemos un vínculo especial que no siempre se ve entre hermanos y hermanas. El accidente y la recuperación de papá nos enseñó a estar allí, unidos y dispuestos a ayudarnos. Mamá se hizo mucho más fuerte e independiente porque papá ya no podía ocuparse de las cosas como antes. Solo deseo que papá no tuviera que haber pasado por esto para que la familia se uniera tanto.

Después de sus graves lesiones, vi por primera vez que era una persona vulnerable. Antes del accidente, me había parecido indestructible. Y a lo largo de los años, he visto que el accidente le hizo ser todavía más fuerte. Quizá haya tenido lesiones físicas, pero es espiritual y emocionalmente la persona más fuerte que conozco. Haber pasado por lo que pasó y seguir siendo un siervo tan devoto y enamorado de Dios es algo que me asombra.

Durante un largo tiempo, estuve enojada a causa de lo ocurrido, pero maduré y vi que somos muy afortunados en tenerlo con nosotros todavía y también en ser tan unidos como familia. Si hubiera muerto en ese accidente no sé cómo habría sobrellevado los momentos más duros de mi vida. Hay algo muy especial en que te aconseje alguien que ha estado en el cielo, que ha sobrevivido a innumerables cirugías y que ha vivido para contarlo. Suelo escucharlo con mayor atención ahora.

Joe tenía ocho años en el momento del accidente, y esta es su respuesta:

Mi primer recuerdo es que vino una maestra amiga de mi madre a buscarnos. Cuando vi llorar a mamá, supe que algo estaba muy mal.

Recuerdo haber ido al hospital para ver a papá. Nos mostraron un muñeco que representaba tener las mismas lesiones que mi padre para prepararnos y que no nos asustáramos cuando lo viéramos. En realidad, fue duro ver a papá así. No nos quedamos mucho, pero para mí fue bueno porque no me gustaba verlo de esa manera. Chris y yo tuvimos que ir a vivir con los abuelos en Louisiana. Al principio, me pareció lindo, pero después empecé a extrañar a mi familia. Estoy en verdad contento de haber tenido a mi hermano mellizo conmigo. Todos los fines de semana íbamos de Bossier City a Houston. Eso ya no era novedad para nosotros al poco tiempo.

Lo peor del accidente fue que mientras otros chicos iban de campamento o a pescar con sus papás, yo nunca viví esas cosas. Sigo pensando mucho en eso todavía hoy. A veces, me siento un poco enojado o deprimido, como si me hubieran engañado. Pero, en los últimos años sí fui de campamento y a pescar con papá. No sé si sabe lo feliz que me hace esto. A través de esta experiencia vi cuánta gente se preocupaba por mi familia y nos amaba. Si no hubiéramos tenido a Dios en nuestra vida no sé cómo hubiéramos sobrellevado todo.

Y he aquí la respuesta de Chris:

Cuando tienes ocho años, tu padre es un superhéroe. Es invencible. Cuando me enteré del accidente de papá no pensé que era tan grave como luego supe que era. Mamá estaba muy mal cuando me dijo lo que había pasado, y no podía ocultar sus lágrimas. Pero papá era fuerte y nunca lo había visto llorar. Hasta cuando lo vi rodeado de monitores en la UCI, con la máscara de oxígeno e incapaz de hablar, esperaba que volviera a casa en una semana.

No estuve allí para la mayor parte de las cirugías. Fui a vivir con los abuelos a los pocos días del accidente y veía a papá solo los fines de semana. En esos breves encuentros comencé a entender lo mucho que sufría tanto en cuerpo como en espíritu.

Me fascinaron los aparatos de metal en su brazo izquierdo y su pierna, pero sabía que le causaban un inmenso dolor. Se veía tan agotado como si acabara de despertar, o como si nunca pudiera dormir de veras. A veces, me daba la impresión de que no quería que yo ni nadie estuviéramos en la habitación. Aunque entendía poco lo que era la depresión, sabía que la estaba padeciendo.

Lo primero que hacía cada vez que lo visitaba era acercarme despacio y abrazarlo. Con mucha suavidad. Por primera vez en mi vida me parecía frágil. Cuando volvió a casa del hospital continué con la misma rutina: volver de la escuela y abrazar a papá. Esto era tanto para consolarme como para reconfortarlo. Espero que haya servido.

A medida que mi hermano Joe y yo crecíamos la recuperación de papá iba progresando y nos interesamos más en los deportes y la vida al aire libre. Papá se esforzaba por unírsenos. Recuerdo haberme sentido terrible cuando tiraba la pelota demasiado lejos como para que la alcanzara. Tropezaba y a veces se caía. Debí tragarme mis lágrimas varias veces. Y estoy seguro de que él lo hacía también. Sin embargo, desde el punto de vista emocional, papá en todo momento estuvo allí para mí. Siempre ha tenido un interés vital por lo que hacen sus hijos. Después de todo, creo que hacemos que su regreso del cielo valga la pena en ciertos aspectos.

La familia se unió mucho como resultado del accidente de papá. Mamá empezó a ser quien tomaba las decisiones y nos disciplinaba durante su recuperación. Yo hice todo lo posible por ser el hombre de la casa. En realidad, a veces era un fastidioso, pero luego maduré. Aprendí a apoyarme en los demás, así como ellos se apoyaban en mí. Nicole intentaba ser como una madre para Joe y para mí.

Papá sufrió de depresión durante años después del accidente... y todavía hasta cierto punto le afecta. Quizá la tuviera desde antes de la tragedia, pero, si es así nunca me di cuenta. Él es muy independiente y casi nunca permite que su familia pueda entrar a sus rincones más oscuros. Creo que yo soy igual.

Esta es la respuesta de Eva a cómo cambió su percepción de mí:

Me sorprendió mucho la falta de determinación de Don durante los primeros días después del accidente. Siempre había sido un luchador, alguien que buscaba de continuo superarse y lograr que los demás se superaran. Cuando no intentaba respirar era casi como si no lo conociera. La depresión tenía también un nuevo aspecto. Aprendí a reconocer las señales de que habría «malos momentos». Es más difícil cuando el dolor es más agudo, porque él no dormía y se tensaba cada vez más.

A lo largo de los años, aprendí que si dejo a Don tranquilo a la larga puede equilibrarse mejor. Cuando quería decirle algo que tenía que saber pero que no le gustaría, me mordía la lengua... aunque en varias ocasiones no lo logré.

Hoy no pienso en él como en alguien discapacitado, aunque sé que lo es y siempre lo será. Don avanza a tal paso que me cuesta recordar su dolor y limitaciones. Mi esposo es en verdad alguien notable.

Es posible que mis hijos tuvieran más confianza que yo en mi recuperación. Nunca me vieron en terapia, agonizando o vomitando porque me sentía muy mal, ni me vieron cuando intentaba levantarme demasiado rápido. En lo posible, intentábamos aislarlos. Eva sí me vio en mis peores momentos, pero protegió a los niños todo lo posible.

Aunque no lo admitan, es probable que hayan sentido una «falta de papá» en cierto momento de su vida, en especial los mellizos. Debido a que tenían ocho años no pude estar allí en un momento importante de su desarrollo, para ayudarles a aprender cosas como jugar en equipo o ir de campamento.

Al mirar en retrospectiva creo que el accidente afectó más que a nadie a mis padres. En realidad, estaban devastados. Soy el mayor de tres hermanos y siempre habíamos sido muy sanos. Luego, de repente, cuando cumplí treinta y ocho años ocurrió algo en lo que no me podían ayudar, y esto les rompió el corazón. Durante mucho tiempo pensaron que quizá muriera.

Mi papá era militar de carrera y mi mamá tuvo que aprender a ocuparse de casi todo. Pero cuando vinieron a verme en la primera semana de mi hospitalización mamá se desmayó. Papá la atajó y la ayudó a salir de la habitación. No estaba preparada para verme en un estado tan lamentable. Estoy seguro de que nadie lo habría estado.

Todavía hoy no sé si mi madre se ha recuperado del todo después de mi accidente. Pero hay dos recuerdos entre muchas memorias maravillosas de la devoción de mis padres hacia mí.

Primero, durante el verano que siguió al accidente, como si Eva no tuviera suficiente de qué preocuparse decidió ir con los jóvenes de South Park al campamento de verano. Esa tendría que haber sido mi tarea si hubiese estado sano. Pero Eva la tomó con buen ánimo y entusiasmo. Esto significaba que alguien tendría que quedarse conmigo mientras ella estaba ausente.

Mi madre accedió con todo gusto. Así que llegó la semana del campamento de los jóvenes y Eva me dejó con mamá. Todos los días mi madre me preparaba la comida, y yo estaba feliz de tenerla conmigo. Pero sí le temía a las cosas cotidianas, como que mi madre tuviera que vaciar mis orinales o la cuña. Ahora, sé que ella me había cambiado los pañales cuando era bebé, pero había pasado ya mucho tiempo desde la época de echarme talco.

Recuerdo que la primera vez que tuve que dar de cuerpo y le pedí la cuña a mi madre ella actuó como si fuera lo más natural del mundo. Cuando terminé me daba mucha vergüenza avisarle.

Me ahorró la incomodidad al preguntarme si había terminado. Yo asentí nada más. Llevó la cuña al baño y luego oí uno de los sonidos más raros e inesperados. Después que entrara al baño y comenzara a limpiar la cuña, la oí cantar. A pesar de esta tarea, la más humillante que pueda realizar un ser humano por otro, cantaba mientras limpiaba la cuña.

Era como si toda su maternidad estuviera contenida en ese momento. Estaba haciendo otra vez por su hijo algo que él no podía hacer por sí mismo, y se sentía feliz y plena. Atesoraré ese recuerdo porque define la devoción que solo puede tener una madre.

Segundo, recuerdo un momento a solas con mi padre, igual de potente y dramático. Un día, después de otro viaje de más de cuatrocientos kilómetros para verme durante unas pocas horas en St. Lukes, mis padres se preparaban para su viaje de regreso a Bossier City.

Por alguna razón que no recuerdo mamá había salido de la habitación. A solas, papá se acercó a mi cama y tomó mi mano derecha, mi único miembro sano, en su mano de anciano. Se inclinó y me dijo con gran emoción y absoluta sinceridad: «Daría lo que fuera por cambiar de lugar contigo y pasar yo por esto».

Ese es mi papá, y más que en cualquier otro momento supe cuánto me amaba.

─◦◦─

Mi médico me ha dicho muchas veces: «Todo lo que hicimos fue lo mejor que pudimos hacer. No cuentes con que podrás vivir una vida larga y productiva. A causa de la artritis y muchas otras complicaciones que vendrán tendrás una batalla cada vez más dura para poder mantener la movilidad que tienes hoy».

Sabía de qué hablaba. Han pasado quince años desde el accidente. Ya siento que hay señales de artritis. Los cambios de tiempo me afectan. Me canso más pronto. Puede ser en parte a causa de la edad, pero pienso que esto refleja el hecho de que tengo que usar mis piernas y rodillas no como Dios lo designó sino como puedo.

Aun hoy, mi rodilla derecha se hiperextiende, de modo que si alguien viene por atrás y me palmea la espalda sin que lo espere, tengo que atajarme porque si no me voy hacia delante. No puedo trabar la rodilla para mantener el equilibrio y no caer.

He intentado minimizar esto diciendo: «He caído en algunos de los mejores lugares de Texas» o «Estoy pensando en mandar a hacer algunas placas que digan: "Don se cayó aquí"».

Una vez, dirigí una conferencia al aire libre en las colinas de Texas. El suelo era disparejo y yo avanzaba, pero de repente caí. No me lastimé, pero el primer día caí tres veces.

A pesar de todo lo que me hicieron una de mis piernas es casi tres centímetros más corta que la otra. Esto hace que mi columna se curve. La columna está comenzando a mostrar desgaste, y también las articulaciones de las caderas. Mi codo izquierdo quedó tan destrozado que no puedo enderezar el brazo. Aunque los médicos hicieron todo lo que pudieron, incluyendo varias operaciones, el codo estaba fracturado por dentro, y cuando lo unieron no pudo volver a extenderse. Según dice el médico «es una articulación muy quisquillosa».

Una lesión como esta, según señala el doctor, no perdona. Una vez que el codo se destruye es difícil reconstruirlo.

Esto forma parte de mi nueva normalidad.

Una vez, luego de visitar su consultorio, el Dr. Tom Greider me invitó a su oficina privada. A pesar de que estaba muy ocupado sentía que su interés por mí era genuino, y hablamos de muchas cosas.

Por capricho le pregunté:

—Tom, ¿qué tan mal estaba cuando me trajeron esa noche del accidente?

Ni siquiera pestañeó.

—He visto casos peores —dijo haciendo una pausa e inclinándose luego hacia delante para añadir—, pero ninguno sobrevivió.

He tenido que encontrar la forma de hacer las cosas como no las hacía antes. Sin embargo, estoy vivo, y tengo la intención de servir a Jesucristo mientras viva. Pero ya sé qué hay delante de mí, esperándome.

Estoy listo para dejar esta tierra en cualquier momento.

15
TOCAR VIDAS

Alabado sea el Dios y Padre de nuestro Señor Jesucristo,
Padre misericordioso y Dios de toda consolación, quien
nos consuela en todas nuestras tribulaciones para que con
el mismo consuelo que de Dios hemos recibido, también
nosotros podamos consolar a todos los que sufren.

2 CORINTIOS 1:3-4

A veces, sigo preguntándole a Dios por qué no me
permitió quedarme en el cielo. No tengo respuesta
para esa pregunta. Sin embargo, he aprendido que
Dios trae personas a mi vida que me necesitan o que precisan
oír mi mensaje, dándome la oportunidad de tocar sus vidas.

Una de las primeras veces que fui capaz de ministrar a
alguien como resultado de mi accidente fue cuando me invitaron a predicar en una iglesia grande. Me invitaron en
específico para que hablara de mi viaje al cielo. Una mujer que
estaba sentada a mi izquierda, en las primeras filas, comenzó a

llorar al poco tiempo de que empezara a hablar. Podía ver las lágrimas que rodaban por sus mejillas. Apenas terminamos la reunión se acercó y me tomó de la mano.

—Mi madre murió la semana pasada.

—Lamento mucho su pérdida.

—No, no. Es que usted no entiende. Dios lo envió aquí esta noche. Necesitaba este tipo de reafirmación. No es que no creyera. Sí creo, pero mi corazón ha estado muy apenado por esto. Me siento mucho mejor. Sé que ella *está* en un mejor lugar. Oh, reverendo Piper, necesitaba oír eso esta noche.

Antes de que pudiera decir algo, me abrazó y agregó:

—Dios también me envió a *mí* acá esta noche porque necesitaba esta reafirmación. No es que no creyera o no supiera, porque soy creyente y mi madre también lo era, pero necesitaba oír esas palabras esta noche. Necesitaba oír del cielo de alguien que hubiera estado allí.

Por lo que recuerdo, fue la primera persona que me habló de ese modo, pero no la última. He oído este tipo de respuesta cientos de veces. Sigue asombrándome que pueda ser una bendición para tantos con solo contar mi experiencia.

Para quienes ya creen mi testimonio ha sido de reafirmación. Para los escépticos, los ayudó a ser más asequibles y a pensar en Dios con mayor seriedad.

Dos años después del accidente, cuando todavía usaba muletas y llevaba arneses, llevé a un grupo de jóvenes de nuestra iglesia a una conferencia en la Primera Iglesia Bautista de Houston. Dawson McAllister, un gran predicador de la juventud, iba a hablar. Es tan popular que llena iglesias.

Como sucede cuando uno trabaja con adolescentes, salimos tarde de la Iglesia de South Park. No dije nada, pero me sentía muy irritado por la demora. Había querido llegar temprano porque sabía que estarían ocupados los mejores asientos si no llegábamos al menos una hora antes del inicio de la reunión.

Intenté que no se notara, pero me sentía muy molesto para cuando llegamos a la Primera Iglesia Bautista de Houston. Al entrar en el enorme edificio vimos —como esperaba— que estaban ocupados todos los asientos de la planta baja. Tendríamos que subir las escaleras.

Protesté en mi interior ante la idea de tener que caminar más. Aunque tenía movilidad, las muletas presionaban mis axilas y los arneses me cansaban mucho. Y para empeorar las cosas, el ascensor no funcionaba. *Si esa persona no hubiese llegado tarde,* pensaba yo todo el tiempo, *no tendría ahora que subir las escaleras con tanta dificultad.*

Y no era solo el asunto de las escaleras, sino que el auditorio estaba tan repleto que solamente quedaban lugares en las últimas filas. Nuestros jóvenes, por supuesto, subieron corriendo y prometieron guardarme un lugar. Conté ciento cincuenta escalones mientras subía penosamente.

Cuando llegué por fin arriba estaba agotado. Apenas pude subir los últimos escalones y cruzar hasta el asiento que me habían guardado. Antes de sentarme —lo que también me exigía un enorme esfuerzo— descansé apoyándome en la pared. Mientras recuperaba el aliento me pregunté: *¿Qué es lo que estoy haciendo aquí?*

Podría haber conseguido que otros adultos llevaran a los jóvenes, pero en realidad quería estar con ellos. Anhelaba sentirme útil otra vez. También sabía que sería un evento emocionante para ellos y deseaba formar parte de él. Las risas y las voces llenaban el lugar. Los jóvenes estaban listos para ser bendecidos y enfrentar el desafío, pero en ese momento no pensé en ellos ni en lo mucho que aprovecharían la reunión. Solo podía pensar en mi agotamiento.

En ese momento, me sobrecogió la autocompasión. Seguía apoyado contra la pared y recorrí el auditorio con la mirada. A dos secciones de la mía vi a un adolescente en silla de ruedas. Estaba sentado con la cabeza apoyada en las manos, dándome la espalda. Mientras lo miraba, supe que tenía que acercarme para hablarle. De repente no pensé en mis actos y olvidé mi cansancio.

Apoyé mis muletas contra la pared y luego, lenta y dolorosamente, crucé hasta su sección y bajé las escaleras. Era un muchacho grande, buen mozo, de unos dieciséis años quizá. Llevaba puesto un marco Ilizarov, el cual yo no había podido ver desde donde estaba antes. Mi cansancio se esfumó, junto con mi ira y autocompasión. Era como si me viese a mí mismo en esa silla de ruedas y volviera a sentir todo el dolor de esos días.

No estaba mirando hacia mí cuando apoyé mi mano en su hombro. Giró la cabeza y me miró, como enojado.

—¿Duele mucho, verdad? —pregunté.

Me miró como diciendo: *¿Es usted tonto?* Pero dijo:

—Sí. Duele muchísimo.

—Lo sé —le palmeé el hombro—. Créeme que lo sé.

Abrió los ojos con atención.

—¿Lo sabe?

—Sí. También me pusieron uno de esos aparatos.

—Es horrible.

—Sí. Lo sé. Es horrible. Durante once meses tuve uno de esos dispositivos en mi pierna izquierda.

—Nadie lo entiende —dijo con tono quejumbroso.

—No pueden. No es algo de lo que puedas hablar para que entiendan cuánto te duele.

Por primera vez, vi algo en sus ojos. Quizá fuera una esperanza o una sensación de paz porque al fin había encontrado a alguien que sabía lo que le estaba pasando. Nos habíamos conectado, y sentí que era un privilegio estar de pie junto a él.

—Me llamo Don —le dije—. Y acabas de conocer a alguien que entiende el dolor y la desazón por la que estás pasando.

Me miró fijo y luego se le humedecieron los ojos:

—No sé si podré con esto.

—Podrás. Confía en lo que te digo. Lo lograrás.

—Quizá —respondió.

—¿Qué te pasó? —me había dado cuenta de que no era por cirugía voluntaria que lo tenía.

—Tuve un accidente esquiando.

Noté que llevaba puesta una chaqueta de cuero.

—¿Juegas al fútbol? —le pregunté.

—Sí, señor.

Le conté de modo breve sobre mi accidente y él también me contó lo que le había pasado.

—Te diré algo —le dije—. Un día volverás a caminar.

Su rostro expresaba escepticismo.

—Quizá no puedas jugar al fútbol, pero sí caminarás —le di mi tarjeta—. Ahí está mi número, puedes llamarme cuando sea, de día o de noche, las veinticuatro horas del día.

Tomó la tarjeta y la miró durante un rato.

—Tengo que volver con mi grupo —dije y le señalé dónde estábamos—. Quiero que me observes. Y mientras observas cómo camino, quiero que sepas que un día también tú caminarás —reí—. Y apuesto a que caminarás mucho mejor que yo.

Entonces, extendió el brazo y me abrazó. Me sostuvo con fuerza durante un largo rato. Podía sentir su respiración entrecortada a causa del llanto que intentaba contener. Finalmente me soltó y murmuró un agradecimiento.

—Acabas de encontrar a alguien que entiende —dije—. Llámame, por favor.

Ese muchacho necesitaba a alguien que lo entendiera. No sé si tenía mucho para ofrecerle, pero sí tenía mi experiencia y podía hablarle sobre el dolor. Si no lo hubiera vivido en carne propia le habría dicho nada más: «Espero que te sientas mejor. Ya estarás bien», que son las palabras bien intencionadas que la gente suele usar.

Cuando llegué a la fila de arriba de asientos, estaba sudando a causa del esfuerzo, pero no me importó. Me volví. Todavía me estaba mirando. Sonreí y lo saludé con la mano y él contestó el saludo. Ya no había desazón y desesperanza en la expresión de su rostro.

En los siguientes seis meses me llamó tres veces. Dos fueron solo para conversar y una fue tarde por la noche cuando se sentía en realidad desalentado. Fueron llamadas telefónicas que siempre atesoraré en mi memoria, de un peregrino en dificultades a otro.

꒰꒱

Una vez, la estación de televisión de Houston me invitó a hablar en un programa en vivo. Mientras esperaba en la sala, el productor vino y comenzó a explicarme cómo funcionaba el programa y cuáles serían algunas de las preguntas que podría esperar.

—Está bien —dije—. ¿Qué otros invitados hay en el programa?

—Usted.

—Un momento. ¿Va a hacer un programa de una hora y soy el único invitado?

—Así es.

Me pregunté de qué hablaría durante una hora. Eran mis primeros tiempos en la recuperación y en ese momento no tenía idea del interés que pudiera tener la gente en mi historia. Ya me habían quitado el Ilizarov, pero llevaba arneses en las piernas y caminaba con muletas. Había traído fotografías que me tomaron en el hospital, las cuales televisaron. También había traído el marco de Ilizarov.

Cuando comenzó la entrevista conté mi historia y luego el conductor me hizo preguntas. La hora transcurrió rápido. Mientras seguíamos en vivo una mujer llamó al canal e insistió:

—Necesito hablar con el reverendo Piper de inmediato.

No podían interrumpir el programa, pero apenas terminó alguien me entregó un papel con el número de teléfono de la mujer. La llamé.

—Tiene que hablar con mi hermano —dijo.

—¿Cuál es su problema?

—Estuvo en una pelea en un bar, y un hombre sacó una pistola y le destrozó la pierna de un disparo. Lleva puesta una de esas cosas que tenía usted.

—Por supuesto que hablaré con él —respondí—. ¿Dónde está?

—Está en cama, en su casa.

—Deme la dirección e iré.

—Oh, no. No puede ir allí. Está enojado y muy mal. Y es violento. No hablará con nadie que vaya a verlo —explicó y me dio su número telefónico—. Por favor, llámelo, pero está tan mal ahora que seguro lo insultará.

Luego añadió:

—Y quizá cuelgue. Pero inténtelo, por favor.

Apenas llegué a casa, llamé a su hermano y me presenté. Antes de que hubiera dicho más de tres oraciones el hombre hizo lo que había predicho su hermana. Me gritó. A voz en cuello pronunció todos los insultos que haya oído en mi vida, y los repitió varias veces. Luego, hizo una pausa y dije con suavidad:

—Yo también tenía puesto en la pierna uno de esos aparatos, el fijador.

El hombre permaneció callado durante unos segundos, por lo que añadí:

—Tenía puesto en la pierna izquierda un marco de Ilizarov. Sé lo que está pasando y lo que sufre.

—Vaya, hombre. Esto me está matando. Me duele todo el tiempo. Es que... —y ahí empezó otra vez como si no me hubiera oído, diciendo montones de palabrotas.

Cuando hizo otra pausa comenté:

—Entiendo lo que se siente al tener uno de esos.

—¿Ya no lo tiene?

—No. Al fin me lo quitaron. Si cumple con lo que le dicen que haga, también le quitarán el suyo —no parecía mucho, pero era lo único que podía decirle.

—Si tuviera las herramientas me lo quitaría yo mismo ahora.

—Si se lo quita, sería igual a amputarse la pierna, porque eso es lo único que la está manteniendo entera.

—No lo sé, pero me está matando. No puedo dormir —y empezó a decirme lo mal que estaba y cuánto odiaba todo.

Entonces se me ocurrió algo, y lo interrumpí.

—¿Cómo se ve su pierna? ¿Se siente caliente donde están los orificios? ¿Está toda del mismo color? ¿Hay orificios que duelen más que otros?

—Sí, eso es. Uno de ellos en especial, hombre. Ese me duele muchísimo.

—¿Está con usted su hermana todavía?

Cuando dijo que sí, le ordené:

—Póngala al teléfono.

No discutió y la hermana tomó el auricular.

—Gracias —dijo—, aprecio en realidad...

—Escúcheme —la interrumpí—. Quiero que llame a una ambulancia *ahora* mismo. Lleve a su hermano al hospital lo antes posible. Tiene una infección en esa pierna. Si no va ahora mismo perderá la pierna

—¿Eso cree?

—Le digo que tiene todos los síntomas. Es probable que tenga fiebre también. ¿Le ha tomado la temperatura?

—Sí, es cierto. Tiene fiebre.

—Llévelo al hospital de inmediato. Y llámeme después.

Me llamó al día siguiente.

—¡Vaya, usted tenía razón! Tiene una infección y estaba muy mal. Le dieron muchos antibióticos. Dijeron que llegó justo a tiempo, y ya hoy se siente mejor.

—Supongo que está todavía en la unidad de aislamiento —comenté.

Cuando su hermana lo confirmó, agregué:

—Iré a verlo.

Como ministro tenía permitido entrar a verlo. Fui al hospital, hablé con él y luego oramos. Con el tiempo ese joven encontró a Jesucristo.

Si yo no hubiera estado en ese programa de televisión y su hermana no lo hubiese visto, quizá el hombre habría perdido no solo la pierna, pues existía una gran probabilidad de que perdiera también la vida. Dios no me usó solo para salvar la vida física del joven sino que fui el instrumento de su salvación. Esa fue una instancia más en mi creciente compresión de que Dios todavía tiene cosas para que yo haga aquí en la tierra.

Pude reconocer de inmediato el problema porque me había sucedido mientras estaba en el hospital. Había tenido una infección y mucho dolor. Pensé que era parte del dolor esperable. Pero una enfermera descubrió que tenía una infección en uno de los orificios por donde pasaban las varillas.

Recordé entonces cómo unos días antes una de las enfermeras, al parecer, había contaminado este orificio. Era una persona de aspecto duro y seco, y nunca mostraba compasión como lo hacían las demás. Venía, cumplía con su tarea, pero parecía resentirse por el hecho de tener que trabajar conmigo.

Ellas usaban hisopos de algodón, y se les había instruido a utilizar uno nuevo para limpiar cada orificio. En ese momento observé que esta enfermera no lo hacía, quizá para ahorrar tiempo. En el instante, no pensé en nada, pero cuando supe que tenía una infección me di cuenta de que mi sufrimiento había sido aumentado a causa de su pereza. Cuando descubrieron la infección y mi elevada temperatura, me llevaron a la unidad de aislamiento donde permanecí durante dos semanas. Mientras estuve allí nadie pudo visitarme.

Eva se quejó y le dijo al médico lo que había sucedido. Nunca volví a ver a esa enfermera, por lo que no sé si la despidieron o la transfirieron.

Aunque me gusta hablar en público hay pocas cosas que me produzcan mayor excitación que hablar en mi alma mater, la Universidad de Louisiana (LSU, por sus siglas en inglés). Conocí a mi esposa en la LSU, y dos de nuestros tres hijos también estudiaron allí.

Una de las organizaciones del campus donde hablé en diversas ocasiones es el Ministerio Bautista Universitario (BCM, por sus siglas en inglés). Mientras Nicole estudiaba en la LSU y servía en ese grupo me invitaron a hablar en el BCM. Al saber que mi hija estaría en el auditorio, me sentí más entusiasmado y contento.

Entre las diversas actividades de campus auspiciadas por el BCM estaba la noche del jueves con el servicio de alabanza y adoración llamado TNT. El comité me pidió que les hablara de mi accidente.

Los estudiantes promocionaron mi charla por todo el campus con el eslogan: «El muerto que habla». Como vino tanta gente, tuvieron que programar dos servicios, uno a continuación del otro. Mientras hablaba, el público parecía hipnotizado por la historia de un hombre que murió y volvió a la vida. Hablé del cielo, de la oración respondida, de los milagros. Les hablé de cuando canté «Oh, qué amigo nos es Cristo» en el auto con Dick Onerecker.

Al final de cada servicio, la banda de alabanza tocó el estribillo de ese himno tan bello. Yo no sabía que lo harían. Y aunque no tengo dudas de que les guió el Espíritu, este himno sigue siendo una canción difícil de oír o cantar para mí.

Después, un gran grupo de estudiantes se quedó para formular preguntas. Entre ellos había un estudiante afroamericano llamado Walter Foster. Preguntó muchas cosas, y también se quedó para escuchar lo que preguntaban otros. Cuando salí del auditorio Walter me siguió. Aunque no me importaba, sentía que me perseguía con obstinada determinación, como si quisiera cada vez más detalles del cielo o de mi experiencia.

Unos meses más tarde Nicole me llamó:

—¿Recuerdas a Walter Foster? —su voz se quebró y comenzó a llorar.

Cuando le dije que sí lo recordaba, me dijo:

—Él... murió. Tuvo un infarto. ¡Así de la nada! Se fue.

Al parecer, Walter sabía que sufría del corazón y estaba bajo tratamiento médico. Todos suponían que estaba sano. Y es obvio que su muerte tuvo gran impacto en todos los estudiantes que lo conocían.

—Se supone que un estudiante de veinte años no puede morir —dijo uno de sus amigos.

Después de colgar el auricular del teléfono recordé el día en que había conocido a Walter. Me pregunto si tendría una premonición de su propia muerte. El hecho de que me siguiera todo el tiempo allí en la LSU y de que me hiciera tantas preguntas sobre el cielo me hizo pensar. Sus preguntas transmitían más que mera curiosidad. *Quizá,* pensé, *en ese momento Dios lo estaba preparando para su viaje a casa.*

Su repentina muerte fue devastadora para sus amigos, sobre todo para los que participaban del Ministerio Bautista Universitario. Eran un grupo muy unido, y lloraban la pérdida de un amigo. La noche siguiente a la de su muerte se reunieron en el edificio del BCM, el lugar que Walter más amaba.

Durante la emotiva reunión de esa noche algunos de sus amigos hablaron de lo mucho que había significado para Walter el relato de mi experiencia en el cielo. Muchos expresaron que había mostrado entusiasmo por lo que oyó. Y que había hablado de ello durante varios días.

Uno de sus compañeros comentó: «Walter me dijo muchas veces ese día en que estuvo aquí el reverendo Piper: "Un día yo también estaré en el cielo"».

Mis ocupaciones en la iglesia me impidieron ir al servicio en memoria de Walter en la Primera Iglesia Bautista de Baton Rouge. Nicole representó a nuestra familia y nos dijo esa noche cómo había sido la celebración de la vida de Walter. Dos pedidos especiales de sus amigos eran que el predicador compartiera el mensaje del evangelio y que alguien cantara una canción en particular. Por supuesto que era «Oh, qué amigo nos es Cristo». Todos conocieron del importante significado que ese himno tenía para Walter.

Nicole, graduada en música en la LSU y excelente solista, cantó la canción ante los allegados reunidos. Todos respondieron con gran tristeza y gloriosa esperanza. Hubo muchas lágrimas y también sonrisas llenas de paz.

Después del servicio, algunos se quedaron para hablar de la inconmovible fe de Walter en el cielo y de cómo esto les consolaba y alentaba.

Otra de las cosas bellas que resultaron de mi testimonio en el BCM y de la posterior muerte de Walter fue la construcción y dedicación de un jardín de oración en el BCM de la LSU. Eso me parece apropiado, porque cada vez que cuento mi historia destaco la enorme importancia de la oración. Después de todo, estoy vivo a causa de la oración respondida.

Como muchos otros cuyas vidas se han entrecruzado divinamente con la mía desde mi accidente y regreso desde el cielo, Walter representa a aquellos que estarán esperándome la próxima vez que Dios me llame para ir a mi hogar.

El primer marido de Sue Fayle murió de cáncer. Su larga agonía la dejó agotada. Ella suponía que viviría como viuda el resto de su vida. Pero su vecino Charles, también sin esposa, cambió esa situación. No solo eran vecinos, sino que al compartir la sensación de pérdida se hicieron buenos amigos. Mientras pasaba el tiempo parecían satisfacer mutuamente sus necesidades de una manera en que solo los que han querido y perdido al ser amado pueden entender. Esa amistad dio lugar al amor, y con cautela pensaron en la posibilidad de casarse.

Sue tenía serias reservas en cuanto a casarse con Charles porque él provenía de lo que ella llamaba un barrio duro de gente de trabajo. Tenía una historia de alcoholismo, y ella explicó: «No puedo vivir con algo así».

Sin embargo, a medida que su historia de amor crecía, Sue impuso una única condición para el casamiento: «No me casaré con un hombre que se emborracha».

Charles no solo dejó de emborracharse, sino que dejó de beber alcohol por completo. Ahora podían hablar de matrimonio.

Un día, estaban hablando de la muerte de sus respectivos cónyuges, ambos fallecidos a causa del cáncer. «Si alguna vez me diagnostican cáncer, me suicido», dijo él. Sabía que no solo sufría la persona enferma sino también sus seres queridos. «No podría someter a nadie a tal agonía».

Se casaron y tuvieron un buen matrimonio, y Charles nunca volvió a beber. Sue ya era activa en nuestra iglesia, pero después de la boda Charles se le sumó como miembro activo.

Sin embargo, un día, recibieron el diagnóstico tan temido: él tenía cáncer. Ahora tenía que enfrentar ese terror tan profundo en su interior. Temía que este diagnóstico sometiera a Sue a otra terrible angustia, como había sucedido antes.

También sentía miedo después de que recibió el diagnóstico porque la noticia le hizo enfrentar su propia mortalidad: «Estoy aterrado ante la idea de morir», confesó.

Aunque Charles era miembro de la iglesia y decía que creía, era una de esas personas que dudaban de su salvación. Sue le aseguraba que aunque ella intentara ayudarle a pasar esta crisis le preocupaba su falta de reafirmación en cuanto a su salvación. Había oído mi testimonio del cielo en varias ocasiones y lo había transmitido a otros también.

—¿Podrías hablar con Charles? —me preguntó un día—. Necesita oír tu testimonio personalmente.

Para entonces, yo era ya el único ministro adulto de la Primera Iglesia Bautista de Pasadera, donde estoy ahora. Sue y yo habíamos trabajado juntos varias veces en diversos proyectos.

—Por favor, habla con él de la salvación, pero también cuéntale de la vida después de la muerte. Creo que una charla de hombre a hombre le haría mucho bien a Charles.

Por supuesto que yo conocía a Charles, y sospechaba que a causa de su pasado creía que no era lo suficiente bueno para Dios. Dije que hablaría con él.

Charles y yo nos llevábamos bien. Era un hombre muy bueno y resultaba fácil relacionarse con él. Me propuse visitarlo con regularidad. Cada vez que llegaba, Sue se excusaba y salía de la habitación hasta que me disponía a retirarme.

Aun mientras se deterioraba su salud, Charles jamás mostró enojo o depresión en forma alguna. Hablábamos de lo difícil que era depender de los demás para las funciones más íntimas, como usar los orinales, tomar un baño y otras cosas por el estilo.

Y mientras hablaba de su vida era obvio que su experiencia con Dios era auténtica. Aunque como suele suceder, durante muchos años antes de que se casara con Sue simplemente no había sido un fiel seguidor de Cristo. Varias veces le recordé los versículos de la Biblia que prometen el cielo como destino supremo para todos los creyentes.

—Lo sé, lo sé —dijo—. Antes de ser salvo sabía que no iría al cielo. Iría al infierno. Ahora quiero estar seguro de ir al cielo.

Mi descripción del cielo lo alentó.

—Sí, sí. Eso es lo que quiero —dijo.

Durante una de mis visitas, mientras hablaba sonrió y comentó:

—Estoy listo. Estoy en paz. Al fin, sé que iré al cielo.

En mis últimas dos visitas Charles me dijo:

—Cuéntamelo otra vez. Cuéntame una vez más cómo es el cielo.

Se lo volví a contar aunque ya lo había oído todo. Era como si su seguridad aumentara cada vez que le hablaba del cielo.

Poco antes de que muriera Sue puso a Charles en un internado del Centro Médico Houston, a metros de donde yo había estado hospitalizado durante tanto tiempo.

El último día de su vida aquí en la tierra Charles le dijo a Sue:

—Voy a estar bien. Dejaré el dolor para ir a la paz. Algún día, volveremos a estar juntos.

Cuando Sue me llamó y me lo contó, agregó:

—Murió sin sentir miedo en lo absoluto.

La calmada seguridad y aceptación de Charles le dio paz a Sue mientras atravesaba por su propio dolor y su sensación de pérdida. Ella me contó que solo dos semanas antes de su muerte le había dicho que el escuchar mi experiencia y ver el brillo positivo en mi vida había marcado la diferencia.

—Está decidido —dijo—. Sé que voy a un lugar mejor.

Sue compartió conmigo los recuerdos de Charles, y entonces rió y dijo:

—¿No seré afortunada? Habrá dos hombres esperándome. Un día, cuando me llegue el momento, tendré a uno de cada brazo, dos antiguos esposos que también son hermanos en Cristo y que pueden escoltarme por las calles de oro.

≈

Cuando Joe, uno de mis mellizos, entró en la adolescencia, decidimos buscar un auto usado para él. Quería una camioneta, así que buscamos hasta que encontramos una que le gustó, una Ford Ranger 1993.

El nombre del vendedor era Gary Emmons, y tenía una concesionaria de autos ya hacía años en nuestro barrio. Cuando decididos qué camioneta compraríamos para Joe entramos a la oficina para hacer los papeles. El señor Emmons nos dio un precio excelente y Joe compró la camioneta.

A causa de esa experiencia, se formó una buena relación entre Gary Emmons y mi familia. Le compramos tres o cuatro autos más a lo largo de los años.

Gary sabía más o menos lo que me había pasado, pero no conocía los detalles. Era corredor de autos de carrera, además de vendedor. Parecía fascinado con mi historia. Dijo que quería oír la historia entera un día, pero a veces estaba muy ocupado o tenía que irse enseguida.

Un día, Joe fue a la concesionaria para pagar una de las cuotas. Gary lo llamó:

—Jamás creerás esto —sonrió—. Sucedió algo asombroso ayer.

—¿Qué cosa?

—Fui a mirar un auto que acabábamos de comprar. Entré al auto para ver si todo funcionaba. Ya sabes, para apretar todos los botones, escuchar cómo funciona el motor, probar el aire acondicionado, la radio y esas cosas. Entonces, vi que había un casete dentro del aparato de audio. Presioné el botón de eyección.

Hizo una pausa y sonrió:

—Apuesto a que jamás adivinarás qué había en esa cinta.

—No tengo idea —dijo Joe.

—Era la historia de tu papá. Habíamos comprado el auto en una subasta, así que no había propietario a quien pudiera devolverle la cinta. Me la llevé y la escuché. Lo único que podía pensar al terminar de oír todo fue: *Asombroso.*

Yo también miro hacia atrás y veo que es asombroso. Gary había querido oír mi historia, pero nunca podíamos juntarnos para eso.

—¿Cuántas posibilidades hay de que vaya a una subasta donde venden miles de autos y luego, cuando me siente en uno, apriete un botón y oiga hablar a tu papá? —le preguntó a Joe.

Durante varios días, creo que Gary tiene que haberle contado a todos con los que hablaba la historia de mi accidente.

Por supuesto, ese testimonio me encantó. También he oído muchas otras historias de cómo Dios usó mi relato.

Lo había grabado mientras predicaba en mi iglesia, la Primera Iglesia Bautista de Pasadena, y lo había hecho copiar. Debo haber repartido miles de copias. También sé que la gente copiaba su cinta para darla a otros. Me enteré de que hubo gente que ordenó hasta veinte copias a lo largo de los meses.

Esa cinta testimonial sigue recorriendo su camino. Muchas personas que oyeron mi historia la copiaron para darla a gente que estaba herida a causa de un accidente, o que se encontraba triste porque perdió a un ser amado.

Solo puedo llegar a la conclusión de que Dios tenía un plan para que Gary Emmons escuchara esa cinta, y se aseguró de que así fuera.

Un día, mientras caminaba por el pasillo de la Primera Iglesia Bautista de Pasadena una mujer me detuvo. Esto no es inusual, por cierto. En realidad, mi esposa bromea diciendo que me toma treinta minutos avanzar unos seis metros porque siempre hay alguien que necesita preguntarme o decirme algo. Tenemos más de diez mil miembros, y eso es mucha gente para conocer.

—Oh, reverendo Piper. Vine expresamente a verlo. Quiero decirle algo... algo que creo que necesita oír.

Por lo general, cuando alguien comienza así, suele continuar: «Es por su propio bien», y suele no ser algo que me gusta oír. Había otras personas conmigo y no sabía muy bien cómo debía reaccionar. Sin embargo, miré a la señora y percibí la urgencia en su rostro y una profunda intensidad. Me volví a los demás y les pregunté:

—¿Les molestaría?

Por supuesto que dijeron que no y se retiraron.

—Soy enfermera certificada, y usted no podrá creer lo que sucedió.

—Me han sucedido muchas cosas increíbles. Cuénteme.

—Esto pasó en el hospital. Una mujer cuya madre estaba muy enferma y hospitalizada pudo escuchar su casete, y esto le cambió la vida.

Ya había oído tal cosa antes, pero no me importaba oír historias nuevas, por lo que dije:

—Cuénteme más.

—Alguien le trajo esta cinta, y la mujer no era creyente. Pero esta persona quería que ella escuchara la cinta de todos modos. Sus amigos habían intentado hablarle de Dios. Le habían regalado Biblias y todo tipo de libros y panfletos, pero nada la afectaba. Decía: «No quiero hablar de Dios, ni de religión o salvación». Aunque tenía una enfermedad terminal no estaba dispuesta a escuchar a ningún mensaje sobre la eternidad.

Se detuvo a secar una lágrima que asomaba y luego continuó:

—Alguien le trajo el casete ese donde usted relata su experiencia en el cielo, y le preguntó si querría escucharlo. El amigo no insistió, sino que le dijo algo casual, como: «Quizá encuentres útil esto. Es de un hombre que murió, fue al cielo y volvió».

La enfermera continuó diciéndome que la mujer había dicho que quizá lo oyera si tenía ganas. El amigo se fue. La cinta quedó junto a su cama, sin que nadie la escuchara. Su salud pronto se deterioró tanto que los médicos le dijeron a su hija que sería cuestión de esperar quizá una semana o dos como mucho.

La hija, que sí era creyente, deseaba con desesperación que su madre oyera la grabación de mi testimonio. La cinta tiene dos mensajes. El primer lado habla de los milagros que tuvieron que suceder para que yo viviera, y relata la oración respondida que me permitió vivir, como he mencionado antes en este libro. El segundo lado de la cinta cuenta cómo es el cielo. Lo titulé: «La cura para los problemas del corazón». Esta era la parte que la hija quería que oyera su madre. Pero la mujer se negaba: «No quiero oír nada de eso», decía.

Pasaron los días y la mujer empeoró todavía más. La enfermera que me lo contaba, y que era cristiana, se dio cuenta de lo que sucedía. Después de hablar con la hija decidió hablarle a la paciente sobre su alma, algo que no había hecho antes. Su razonamiento le indicaba que a veces es más fácil para un extraño o alguien no tan conocido dar un testimonio positivo, en lugar de que lo haga un familiar.

Después que terminó su turno la enfermera entró en la habitación y preguntó:

—¿Puedo sentarme y conversar con usted unos minutos?

La mujer agonizante asintió.

Con suavidad y discreción, la enfermera le habló de la fe, la paz de Dios y la gran diferencia que Jesucristo había marcado en su propia vida.

En todo ese tiempo, la enferma no dijo nada.

La enfermera mencionó la cinta grabada:

—Yo la oí, y pienso que es algo que le gustaría conocer. ¿Quiere escucharla?

La anciana asintió, por lo que la enfermera puso la cinta en la grabadora y se fue.

Al día siguiente, la mujer le contó a su hija y a la enfermera que había escuchado la cinta:

—Me resultó muy interesante. Estoy pensando seriamente en convertirme al Señor.

Aunque la enfermera y la hija estaban más que felices, no querían presionar a la enferma. Pasaron dos días antes de que dijera:

—Ahora soy creyente.

Le dijo esto a su hija y luego a la enfermera. Más tarde, a todo aquel que entrara en la habitación la mujer que estaba a punto de morir le decía:

—Ahora soy cristiana. He aceptado a Jesucristo como mi Salvador y voy al cielo.

A pocas horas de hacer pública su conversión la salud de la mujer empeoró mucho. Se debatía entre la conciencia y la inconciencia. Al día siguiente, cuando la enfermera entró a su turno, se enteró de que la anciana había fallecido minutos antes.

La enfermera me contó todo eso y luego dijo:

—No creerá lo que sucedió en esos minutos finales mientras la mujer moría.

Antes de que pudiera preguntar, añadió:

—La grabadora estaba sobre la cama, a su lado, y su hija había puesto el lado de la cinta donde usted describe el cielo. A medida que se le iba la vida, escuchaba su relato de cómo es el cielo. Lo último que oyó antes de dejar este mundo para ir con Dios fue la descripción de lo que es el cielo.

Aunque intenté permanecer estoicamente inmutable, se me llenaron los ojos de lágrimas.

—Pensé que le gustaría saber eso.

—Sí —dije— y gracias por contármelo. Es de gran aliento para mí.

Mientras la mujer les contaba la historia a quienes estaban cerca, agradecí a Dios por haberme traído de regreso a la tierra: «Oh, Dios, sí veo un propósito en que me hayas hecho regresar a aquí. Gracias por permitirme oír esta historia.

~ ∽ ∾ ~

En cierta ocasión fui invitado a predicar en la Iglesia Bautista Chocolate Bayou, en el sur de Houston. Me habían pedido que compartiera la experiencia de mi muerte y mi viaje al cielo.

Me encontraba preparándome y pensando en los últimos detalles. En las iglesias bautistas siempre hay un solista o algún tipo de música especial justo antes de que suba el predicador invitado al púlpito. La mujer, que no había estado en el servicio y que al parecer no sabía de qué yo iba a hablar, entró desde una puerta lateral para cantar.

Tenía una voz bellísima y comenzó a entonar una canción titulada «Quebrado y derramado», que trata sobre el jarro de alabastro que la mujer usó cuando lavó los pies de Jesús.

Apenas se sentó me puse de pie y comencé a contar la historia de mi accidente. No relacioné la canción con mi mensaje, pero sí observé que varios fruncían el ceño y miraban a la mujer.

Después del servicio, oí que alguien le decía:

—Fue una canción interesante la del jarro quebrado y el contenido derramado justo antes de que hablara Don.

El tono con que pronunciaron la palabra *interesante* en realidad quería significar *falta de gusto*.

—¡Oh! —dijo ella. Se veía tan impactada que me di cuenta de que no le habían avisado de qué hablaría. Y era obvio que tampoco había relacionado una cosa con la otra.

Nuestras miradas se cruzaron y la mujer comenzó a llorar:

—Lo lamento... perdóneme...

—Está bien —le dije—. En serio, está bien —repetí antes de retirarme.

—Quebrado y derramado —dijo alguien—. Eso es lo que le pasó a usted, ¿verdad?

Al menos una docena de personas hizo comentarios similares. Algunos suponían que lo habíamos organizado.

Me detuve y miré hacia atrás. La solista estaba de pie junto al piano y lloraba. Me excusé y fui hacia ella.

—Es una bellísima canción sobre una experiencia maravillosa. Usted no sabía de qué iba a hablar, pero está bien, porque no se me ocurre una canción mejor.

Sonrió agradecida, y comenzó a disculparse otra vez.

—Está bien. En verdad, está bien —le aseguré.

Mientras me alejaba pensé que quizá yo también había sido quebrado, y que mi contenido se estaba derramando. Pero sonreí ante otra idea: *Poco a poco me estaba volviendo a armar.*

16
ENCONTRAR
UN PROPÓSITO

Convencido de esto, sé que permaneceré y continuaré con
todos ustedes para contribuir a su jubiloso avance en la fe.

FILIPENSES 1:25

Brad Turpin, un policía motorizado de los suburbios de Houston, en Pasadena, casi perdió una pierna. Su motocicleta de policía chocó con la parte trasera de un camión transportador de vehículos. Se habría desangrado allí en la calle si los paramédicos no le hubieran aplicado un torniquete.

Sonny Steed, anterior ministro de la parte educativa en nuestra iglesia, conocía a Brad personalmente y me pidió que fuera a verlo:

—Por supuesto —dije, sobre todo cuando me enteré de que le pondrían un fijador.

Llamé primero para asegurarme de que me permitiría visitarlo. No sé por qué, pero antes de salir tomé las fotografías de mi accidente y mi recuperación. Sonny me llevó en auto a la casa del policía. Cuando entramos fue como volver a entrar a la sala de mi casa otra vez. Brad estaba en una cama ortopédica, con el trapecio colgando encima de su cabeza. Tenía un dispositivo similar al mío, pero con modificaciones, ya que en los doce años desde mi accidente la tecnología había mejorado.

Había otras personas allí, por lo que me senté y comencé a conversar de cosas informales. Era agradable, pero sabía que estaba cansado ya de ver a tanta gente. Apenas salió la última visita, le dije:

—Estás en realidad cansado de hablar con la gente, ¿verdad?

Brad asintió.

—Lo entiendo. Casi sientes que estás en exhibición. El teléfono no deja de sonar. Todos quieren venir a verte.

Asintió otra vez.

—Aprecio que vengan, pero necesito un poco de paz y tranquilidad.

—Me disculpo por interrumpirte pero Sonny me trajo porque quería hablarte de lo que puedes esperar ahora —señalé el Ilizarov y agregué—. Yo también tuve uno de esos en la pierna.

—Oh, ¿sí?

Le mostré mis fotografías y comencé por la que me tomaron al día siguiente de que me pusieran el marco de Ilizarov. Cada foto mostraba el progreso, paso a paso. Miró todas con atención y vio que yo había estado peor que él.

—Y te recuperaste, ¿verdad?

—Sí. Y tú también te recuperarás.

—Es bueno que hayas podido salir adelante, pero no creo que conmigo suceda lo mismo. No pueden darme garantías de que pueda conservar la pierna. Los médicos son pesimistas y eso lo hace más difícil para mí.

—Bueno, es que ellos son así —dije, recordando muy bien lo que sentía en esos días—. Prefieren pecar de ser conservadores y no despertar en ti falsas expectativas. A meses de hoy, y ellos lo saben, podrías seguir usando este fijador y que todo fuera bien, pero también podrías tener una infección y perderías la pierna de todos modos.

—A eso me refiero. Es que no estoy seguro de que todo este dolor valga la pena.

—La buena noticia es que el dolor disminuirá a medida que vayas mejorando.

Su esposa había entrado en la sala mientras conversábamos, y escuchaba.

—Estoy muy cansada de la falta de progreso, y nadie nos dice nada —señaló—. Estamos pensando en cambiar de médico.

—Quizá encuentren un médico mejor —les dije—, pero esperen un poco. Sean pacientes. Estoy seguro de que su médico está haciendo todo lo que puede, lo mejor.

Entonces, les conté de cuando se me agotó la paciencia:

—Cuando mi médico entró a verme, yo estaba echando chispas. Le grité: «Siéntese». El médico se sentó y durante unos cinco minutos me quejé de todo lo que me molestaba e irritaba. No había estado pensando en él, claro. Estaba sufriendo, sentía dolor todo el tiempo, no podía dormir y quería respuestas.

«Estoy cansado de no saber nada. Le pregunto durante cuánto tiempo tendré que llevar esto y me dice: "Quizá un mes más, dos meses más, tres meses más"». Todavía no acababa de desahogarme y estallé en otra andanada de quejas. Terminé diciendo: «¿Por qué no puede darme una respuesta directa?»

«Entonces el médico bajó la cabeza y dijo con suavidad: "Estoy haciendo todo lo que puedo, mi mejor esfuerzo. No conozco las respuestas y por eso no puedo dárselas". "Es que yo quiero...". "Sé lo que quiere, pero esta no es una ciencia exacta. Estamos reinventando la rueda. No tenemos demasiada experiencia en esta área, y todo esto es nueva tecnología para nosotros. Hacemos todo lo que podemos, nuestro mejor esfuerzo"».

Cuando les conté a Brad y su esposa sobre este incidente, añadí:

—Por favor, sean pacientes con su médico. Él no puede darles respuestas que no tiene. También les dirá qué hacer y los cargará con prescripciones. Tendrá que indicarte mucha terapia y ustedes tendrán que aprender cómo lidiar con esto, con todo esto.

—Sí, lo sé —dijo él— pero ya no puedo controlar mis emociones. Soy policía. He visto cosas realmente feas, duras y difíciles. Pero encuentro que me estoy quebrando emocionalmente. ¿Sabe a qué me refiero?

—En lo absoluto. Quiébrate y llora. Te sucederá varias veces.

—Siento que estoy incapacitado para controlar las cosas.

—¡Es que estás incapacitado!

Brad me miró fijamente.

—Piensa en esto. ¿Hay algo que puedas controlar? Nada.

—Ni siquiera puedo asearme cuando voy al baño.

—Así es. Eres un inútil ahora. No hay nada que puedas hacer o controlar.

—Antes de esto, levantaba pesas y hacía físico-culturismo —dijo—. Tenía un físico increíble.

—No lo dudo —podía ver que había sido un hombre fuerte y musculoso—. Pero ahora ya no tienes eso. Quizá algún día vuelvas a tener un cuerpo escultural, pero la incapacidad de levantarte y hacer lo que hacías antes hará que cambies. Prepárate a cambiar. Perderás peso, tus músculos se atrofiarán. Ya no puedes controlar tu cuerpo como lo hacías antes.

Era evidente que su esposa también sentía todo el estrés y estaba a punto de llorar.

—Es que uno se siente muy mal, aun con la medicación. No sé qué hacer.

—Puedo sugerirles un par de cosas. Ante todo, manejen las visitas y las llamadas telefónicas. No hace falta que dejen venir a todos cuando quieran —les dije—. Sean firmes. Si permiten que vengan todos, se cansarán al intentar ser amables. Sus amigos lo entenderán.

Luego me volví hacia Brad.

—Prepárate para toda tu terapia, porque tendrás que hacer todo tipo de cosas difíciles. Hazlas si es que quiere volver a caminar. Sé paciente, porque te llevará mucho tiempo. Probablemente, una de las mejores cosas que puedo decirte es esta: No intentes actuar como el Llanero Solitario.

Hice una breve pausa y casi sonreí porque recordé cómo había sido mi propia recuperación.

—Avisa cuándo te duele y explica cómo pueden ayudarte, en especial a las personas en quienes confías. Díselos para que puedan hacer cosas por ti. Permíteles que oren por ti. Hay mucha gente buena que viene y querrán traerte una torta, cocinar tu comida favorita o hacer algo para ayudarte. Permíteles expresar su amor y amistad.

Después de hablar durante unos minutos me levanté para irme. Anoté mi número de teléfono.

—Llámame. Si no puedes dormir a las tres de la mañana, o estás enojado, llámame. Te escucharé. Te entenderé porque puedo hacerlo. Esta es una fraternidad muy pequeña y ninguno entró en ella por voluntad propia.

Antes de que saliera, Brad me dijo:

—No puedo expresar cuánto aprecio que hayas venido. Que me visite alguien que conoce este dolor es algo que me ayuda mucho. Eres la primera persona que conozco que entiende lo que es vivir con dolor las veinticuatro horas del día.

—Esto de visitar a la gente que está como estaba yo no es algo que me haya propuesto —le dije—. No obstante estoy dispuesto a hacerlo. Quiero ayudar pero tendrás que hacer el esfuerzo de llamarme. Recuerda, no intentes salir adelante a solas.

La esposa de Brad me acompañó hasta el auto y me dijo:

—Mi esposo precisaba esto. En público intenta ser una fuente de fortaleza y sonar positivo. En los momentos tranquilos está muy frustrado y emotivo, y se quiebra. En realidad me preocupa. Nunca en nuestra vida juntos le he visto así.

—Yo recuerdo que mi esposa trabajaba duro todo el día como maestra de escuela y luego venía por las noches —le dije—. Acompáñalo. Mejorará.

Le conté de cuando estuve en mi peor momento, y de cómo Eva había intentado alentarme diciendo algo así como: «Dale tiempo. Vas a estar bien».

Yo había explotado, lleno de ira y frustración. «¿Qué es lo que te hace pensar que estaré bien? ¿Cuáles son mis posibilidades? Nadie puede decirme eso. Nadie puede prometérmelo».

Debo darle el crédito a Eva porque no discutió conmigo. Me abrazó. Yo lloré. Nunca antes había hecho eso en su presencia.

Después que le conté esa historia a la esposa de Brad, dije:

—Debes estar preparada para los cambios en tu vida y en la de Brad. Él no puede controlar sus emociones, pero no lo tomes como un ataque personal cuando grite. Es el dolor y la frustración. No es contra ti.

Nos saludamos con un apretón de manos y agregué:

—Por favor, no dudes en llamarme si me necesitan. Aliéntalo para que me llame.

Después de eso, vi a Brad unas cuatro o cinco veces. Semanas más tarde, cuando pudo salir de la casa con su andador, lo vi en un restaurante. Me acerqué a su mesa y me senté:

—¿Cómo vas? —le pregunté.

—Bien. En realidad bien.

Me agradeció por haber ido a verlo en uno de sus peores momentos. Todavía no estaba del todo bien, pero se veía mucho más saludable. Cuando me dio la mano y la sostuvo durante un rato supe que era su manera de expresar el aprecio que no podía explicar con palabras.

Me sentí agradecido con Dios por haberme permitido ayudar a Brad en su momento de oscuridad.

Unos dos años después de mi accidente me enteré de que Chad Vowell había tenido un muy grave accidente automovilístico. Había sido miembro de nuestro ministerio de jóvenes en South Park y sus padres eran de los que más nos apoyaban en la iglesia. Su madre, Carol, estaba en la comitiva que venía a mi habitación del hospital con otras personas para planificar los retiros de los jóvenes. Yo no había ayudado mucho, pero había sido su forma de hacerme sentir útil, necesitado.

Chad había sido un destacado jugador de fútbol y pertenecía a nuestro grupo de jóvenes. Eso fue casi un año antes de que fuera a la universidad.

Cuando llamé a su madre, me dijo que habían llevado a Chad en helicóptero al Hospital John Sealy de Galveston. Yo no tenía idea de lo grave que estaba hasta que me dijo:

—El informe dice que se destrozó la pierna y le pusieron un fijador.

Cuando oí la palabra *fijador,* supe que tenía que ir a verlo. Habría ido de todos modos porque era miembro de South Park. Pero la palabra *fijador* le dio una urgencia adicional a mi visita.

Cuando entré a su habitación Chad yacía allí en la cama, deprimido y obviamente sin ganas de hablar. No era el Chad que yo conocía. Antes, siempre se alegraba de verme y su rostro se iluminaba al reconocerme. Pero esta vez, aunque reconoció mi presencia, no hizo esfuerzo alguno por conversar conmigo.

—¿Estás bien? ¿Estarás bien? —le pregunté, y luego miré su pierna—. Veo que te pusieron un fijador.

—Sí, así es —dijo.

—Chad, ¿recuerdas cuando tuve el accidente? Eso es lo mismo que me pusieron a mí.

—¿De veras? —por primera vez mostró interés.

No sé si nunca había visto el mío o si no lo recordaba. Me acerqué un poco y dije:

—Nada más recuerda esto: Sé lo que se siente al tener uno de esos.

Su pierna estaba destrozada en la parte inferior. Y como allí hay dos huesos, es menos difícil la sanidad. Luego supe que su pronóstico era muy bueno.

Pude hablar con ese muchacho, tomarlo de la mano y orar con él de manera que viese que me identificaba con su sufrimiento. Por primera vez, tuvo la sensación de que podía esperar algo bueno con su tratamiento. Hasta entonces, como me sucedió a mí después del accidente, nadie le daba información específica. Y como yo, se sentía enojado y deprimido.

—El dolor durará mucho tiempo y la recuperación parecerá eterna, pero te mejorarás. Recuerda eso nada más: Mejorarás.

Y así fue.

El cáncer se llevó a Joyce Pentecost una semana antes de que cumpliera treinta y nueve años. Yo la amaba mucho. Estaba casada con Eddie, uno de los hermanos de Eva, y dejó dos niños pelirrojos muy hermosos: Jordan y Colton.

Joyce no solo era una de las personas más vivaces que conocí, y una excelente cantante además, sino que iluminaba una habitación con su sola presencia. Casi nunca interpretaba una sola canción, sino que parecía seguir la tradición de Ethel Merman.

Me sentí honrado de poder hablar en el servicio en su memoria realizado en la Primera Iglesia Bautista de Forrest City, en Arkansas. Más de seiscientas personas llenaban el auditorio. Debido a que Joyce había grabado varios discos de música cristiana nos dejó un legado. Esa tarde soleada, oímos a Joyce cantar su propia bendición.

Luego de la música su padre, el reverendo Charles Bradley, dio un mensaje de esperanza y salvación. Nos dijo a todos: «Hace años Joyce y yo hicimos un pacto. Si me iba primero, ella cantaría en mi funeral. Y si ella se iba antes, yo hablaría en el suyo. Hoy estoy cumpliendo la promesa que le hice a mi hijita».

Ese momento, quedó grabado dentro de mí. Hubo sonrisas de melancolía, y también lágrimas, pero no creo que nadie haya sentido enojo o desesperanza.

Después que el padre de Joyce terminó su mensaje, fue mi turno para hablar.

«Algunos hoy se preguntarán: "¿Cómo pudo morir Joyce?"», comencé. «Pero yo diría que debiéramos preguntarnos en cambio: "¿Cómo vivió Joyce?" Vivió bien, amada. Vivió muy bien».

Les dije entonces que Joyce era un cometa pelirrojo que pasó raudamente por el escenario de la vida, que vivió y amó haciendo feliz a mucha gente, que había sido una amiga dedicada, una hija ideal, una tía que mimaba a sus sobrinos, una dulce hermana, una madre amorosa y una esposa maravillosa. Admití que no tenía respuesta para la pregunta que penetraba en muchos corazones ese día: *¿Por qué?*

«Hay consuelo allí donde no hay respuestas», dije. «Joyce creía con firmeza que si moría, al instante estaría con Dios. Creía que si vivía, Dios estaría con ella. Esa era la razón de su vida. Esa puede ser también nuestra razón para seguir adelante».

Concluí compartiendo un momento personal. La última conversación larga que tuve con Joyce antes de que volviera a casa del hospital fue sobre el cielo. Jamás se cansaba de oírme describir mi viaje al cielo, así que «fuimos de visita» allí por última vez. Hablamos de los ángeles, de la puerta y de nuestros seres queridos (la madre de Joyce había muerto de cáncer). Ella siempre quería que le describiera la música, y nuestra última conversación no fue distinta a las demás.

«Hace solo unos días», le dije a la congregación, «creo que Dios estaba sentado tras esas puertas y les dijo a los ángeles: "Lo que necesitamos aquí es una buena soprano pelirroja". Entonces, los ángeles exclamaron: "¡Será Joyce Pentecost!" Dios mandó a buscar a Joyce y ella respondió al llamado. Ahora está cantando con las huestes angelicales. Joyce Pentecost está ausente en cuerpo, pero presente con el Señor».

Mis palabras de cierre fueron una pregunta: «¿Se puede perder a alguien cuando uno sabe dónde está?»

Tenía treinta y ocho años cuando morí en ese accidente. Joyce tenía la misma edad cuando le diagnosticaron cáncer. Yo sobreviví a lo que me pasó. Joyce no. Pero sé esto: porque pude vivir lo que es el cielo, también pude prepararla a ella y a sus seres queridos para lo que vendría. Y ahora, estoy preparándolo a usted.

Muchas veces desde mi accidente he deseado que me hubiese visitado en el hospital alguien que hubiera pasado ya por el sufrimiento de tener puesto un fijador durante meses.

Cada vez que oigo que alguien tiene puesto un fijador, intento ponerme en contacto. Y cuando hablo con quienes sufren enfermedades a largo plazo intento ser sincero por completo. No hay una forma fácil de pasar por ese proceso de recuperación, y necesitan saberlo. Debido a que yo pasé por eso puedo decírselos (y me escuchan). Les digo que aunque llevará mucho tiempo con el tiempo mejorarán. También les hablo de algunos de los problemas que enfrentarán a corto plazo.

Mis visitas a Chad, Brad y a otros también me recuerdan que Dios sigue teniendo un propósito para mí en la tierra. Durante ese largo período de recuperación a veces añoré el cielo. Al mirar en retrospectiva, sin embargo, puedo ver cómo las experiencias personales que compartí con otros fueron el suave tirón que me trajo de vuelta a la tierra. Ahora puedo decir: «Cuando Dios esté listo para llevarme, lo hará». Mientras tanto, intento ofrecer a los demás todo el consuelo posible.

Y como a mí, cuando otras víctimas ven el fijador puesto en su pierna y sobre todo cuando comienzan a sentir el dolor y la frustración por no poder moverse, la depresión les sobreviene. Esto se debe a que no tienen idea de lo que sucederá después. Y aunque los médicos intenten reconfortarlos en cuanto a su recuperación, les duele demasiado como para poder recibir consuelo de parte de sus doctores.

Sin embargo, a veces, los pacientes pueden tener falsas expectativas sin querer, y piensan: «Esto pasará pronto».

Les digo: «Pasará, sí, pero no será pronto. Este es un compromiso a largo plazo y no hay forma de apurar el proceso. Cuando uno tiene lesiones de esta magnitud, no hay una salida fácil ni un atajo. Hay que vivir con esto por ahora».

Podría compartir otras historias, pero estas son las experiencias que me permiten salir adelante en mis propios momentos de oscuridad. Encontré de nuevo el propósito para mi vida. Sigo anhelando volver al cielo, pero por ahora, pertenezco a este lugar. Estoy cumpliendo mi propósito aquí en la tierra.

17
AÑORANZAS
DE MI HOGAR

A causa de la esperanza reservada para ustedes en el cielo.
De esta esperanza ya han sabido por la palabra de verdad,
que es el evangelio.

COLOSENSES 1:5

Una de mis historias favoritas es la de una niñita que salió de su casa y su madre no sabía a dónde había ido. Cuando se dio cuenta de que la niña no estaba, se preocupó porque algo malo le hubiera sucedido. La llamó por su nombre varias veces desde el porche del frente de la casa.

Casi de inmediato, la niñita vino corriendo desde la casa vecina. Su madre la abrazó, le dijo que se había preocupado, y luego preguntó:

—¿Dónde estabas?

—Estaba con el señor Smith, el vecino de al lado.

—¿Por qué fuiste?

—Porque su esposa murió y él está muy triste.

—Oh, lo lamento mucho. No lo sabía. ¿Y qué hacías?

—Solo lo ayudé a llorar.

En cierta forma, eso es lo que yo hago. Compartir mis experiencias es mi forma de llorar con otros que están sufriendo.

He descubierto que una de las razones por las que puedo consolar a quienes se enfrentan a su propia muerte o a la de un ser querido es porque he estado allí. Puedo darles la seguridad de que el cielo es un lugar de gozo indescriptible, incomparable con cualquier otra cosa.

Sin la menor duda, sé que el cielo *es real*. Es más real que cualquier otra cosa que haya vivido en mi vida. A veces digo: «Piensen en lo peor que les ha pasado, en lo mejor que les ha ocurrido, y en todo lo que hay en el medio. El cielo es mucho más real que cualquiera de esas cosas».

Desde mi regreso a la tierra tengo plena conciencia de que todos nosotros estamos en un peregrinaje. Al final de esta vida, donde sea que vayamos —al cielo o al infierno— la vida será más real que esta que estamos viviendo.

Jamás había pensado esto antes de mi accidente, por supuesto. El cielo era un concepto, algo en lo que creía, pero no pensaba muy a menudo en ello.

En los años posteriores a mi accidente, he pensado reiteradas veces en la última noche en que Jesús estaba con sus discípulos antes de su traición y crucifixión. A horas nada más de iniciar su viaje al cielo se sentó con sus discípulos en el aposento alto. Les pidió que no se perturbaran y que confiaran en él. Luego les dijo que se iría y agregó: «En el hogar de mi Padre hay muchas viviendas; si no fuera así, ya se lo habría dicho a ustedes. Voy a prepararles un lugar. Y si me voy y se lo preparo, vendré para llevármelos conmigo. Así ustedes estarán donde yo esté» (Juan 14:2-3).

Nunca lo había notado antes, pero aquí Jesús usa dos veces palabras que se refieren a una ubicación: *vivienda* y *lugar*. Quizá esto para muchos no tenga un gran significado, pero yo pienso en ello a menudo. El cielo es un lugar, literalmente un lugar, y puedo dar testimonio de que lo conozco. He estado allí. Sé que es real.

Desde mi accidente, he sentido con mayor intensidad y profundidad que antes. Un año en una cama de hospital logrará eso mismo con cualquiera, pero esto fue mucho más que eso. Esos noventa minutos en el cielo me dejaron una impresión tan grande que jamás volveré a ser la persona que era. Nunca más volveré a estar conforme y contento por completo aquí, porque vivo anticipando lo otro.

Experimenté más dolor del que pensé que pudiera soportar un ser humano y todavía vivo para contarlo. A pesar de todo lo que me pasó durante esos meses de dolor continuo sigo sintiendo la realidad del cielo, mucho, mucho más de lo que sentía el sufrimiento que debí soportar.

Debido a que soy una persona muy activa y no suelo aminorar el ritmo, muchas veces he considerado que necesito explicar por qué no hago ciertas cosas. Cuando estoy vestido, la mayoría de las personas no se dan cuenta de que tengo discapacidades. Sin embargo, ante una actividad que este cuerpo reconstruido no puede hacer (y la gente a veces se sorprende de lo sencillas que son tales acciones), recibo respuestas extrañas.

—Es que te ves tan saludable —dicen algunos—. ¿Qué es lo que te pasa?

En ocasiones, cuando sigo a alguien que baja las escaleras (una experiencia dolorosa para mí) oyen cómo crujen mis rodillas.

—¿Eres tú el que hace ese horrible ruido? —preguntan.

Yo sonrío y respondo:

—Sí. Es ridículo, ¿verdad?

Mi relativa movilidad es engañosa. Puedo moverme más de lo que alguien imaginaría que podría. Pero sé, aunque no se note, que estoy bastante limitado. Trabajo duro para caminar bien porque no quiero llamar la atención. Ya me miraron bastante cuando tenía puesto el fijador.

Intento verme y actuar de forma normal y sigo esforzándome. Esa es la forma en que lucho con mis debilidades. He aprendido que si me mantengo ocupado, y en especial ayudando a otros, no pienso en mi propio dolor. Es algo extraño, pero mi dolor es su propia terapia. Tengo la intención de seguir adelante hasta que ya no pueda más.

Somos víctimas de nuestra invención del tiempo humano, y tenemos que pensar en términos de tiempo, porque así es nuestro sistema. Y aquí quiero destacar algo. Mi inclinación humana es pensar qué hace mi comité de bienvenida durante estos años que estoy de vuelta en la tierra.

Y mientras lo pienso, no creo que mi comité de bienvenida diga: «Oh, no. No se quedará». Ellos siguen allí junto a la puerta. Esperando. Para ellos el tiempo no pasa. Todo es eterno ahora... aunque no pueda expresarlo con palabras.

Aunque pasen diez, treinta años o más, en el cielo será solo un instante hasta que regrese allí.

No es que desee morir. No soy suicida. Pero sí todos los días pienso en regresar. Anhelo regresar. Sé con toda certeza que volveré según los tiempos de Dios. Ahora añoro ese momento con ansias. No le tengo miedo a la muerte en lo absoluto. ¿Por qué temería? No hay nada qué temer y solo hay gozo esperándome.

He señalado antes que cuando recuperé la conciencia en la tierra me invadió una amarga desilusión. No quería volver pero esto no dependía de mi decisión.

Durante mucho tiempo, no acepté que Dios me hubiera enviado de vuelta. Y aun en mi desilusión sabía que él tenía un propósito en todo lo que pasó. Había una razón por la que fui al cielo y un propósito en mi regreso. Con el tiempo comprendí que Dios me había dado una experiencia especial, un vistazo de lo que será la eternidad.

Aunque añoro mi hogar, estoy preparado para esperar a que llegue el llamado final.

Habiendo pasado por treinta y cuatro cirugías y tantos años de dolor pude también ver la verdad en las palabras de Pablo a los Corintios: «Alabado sea el Dios y Padre de nuestro Señor Jesucristo, Padre misericordioso y Dios de toda consolación, quien nos consuela en todas nuestras tribulaciones para que con el mismo consuelo que de Dios hemos recibido, también nosotros podamos consolar a todos los que sufren» (2 Corintios 1:3-4).

Mientras esté aquí en la tierra Dios sigue teniendo un

propósito para mí. Saber eso me permite soportar el dolor y mis incapacidades físicas.

Sin embargo, en mis momentos más oscuros, recuerdo una de las líneas de una antigua canción: «Todo valdrá la pena cuando veamos a Jesús».

Sé que así será.

18
LOS «POR QUÉS»

Ahora vemos de manera indirecta y velada, como en un espejo; pero entonces veremos cara a cara. Ahora conozco de manera imperfecta, pero entonces conoceré tal y como soy conocido.

1 Corintios 13:12

Muchas veces, he visto gente en la televisión que dicen haber tenido experiencias cercanas a la muerte (ECM). Confieso que me fascinaron sus relatos, pero debo admitir que soy escéptico. En realidad, muy escéptico. Antes y después de que hablaran siempre pensé: *Probablemente fue algo en su cerebro. O quizá había algo en su banco de memoria que volvieron a experimentar.* No dudé nunca de su sinceridad. Ellos querían creer en lo que decían.

He visto muchos programas en vivo y leí sobre víctimas que murieron y fueron resucitadas de forma heroica. Sus relatos a menudo me parecieron demasiado ensayados y tan similares que perturban, como si una persona copiara la historia de la última. Un individuo que afirmó haber estado muerto durante más de veinticuatro horas escribió un libro y dijo que había hablado con Adán y Eva. Algunas de las cosas que supuestamente le dijo esa primera pareja de humanos no tienen nada que ver con lo que está escrito en la Biblia.

A pesar de mi escepticismo, el cual siento todavía hoy en torno a muchos de esos testimonios, jamás cuestioné mi propia muerte. En realidad, fue algo tan poderoso, tan transformador, que no pude hablar con nadie hasta que David Gentiles logró sacarme la información casi con un tirabuzón dos años después del accidente.

He visto las investigaciones en torno a las ECM y pensé en ellas con frecuencia a lo largo de los años.

En diciembre de 2001, el *Lancet*, publicado por la Sociedad Médica Británica, informó los resultados de su investigación en torno a las ECM. La mayoría de los científicos y expertos médicos habían descartado estos sucesos dramáticos como deseos o desvaríos de la mente a causa de la falta de oxígeno.

Este estudio científico realizado en los Países Bajos es uno de los primeros. En lugar de entrevistar a quienes informaban haber pasado por una ECM, siguieron a cientos de pacientes que habían sido resucitados después de sufrir una muerte clínica... es decir, después que sus corazones habían dejado de latir. Esperaban que este método les brindara relatos más exactos al documentar las experiencias mientras sucedieron, en lugar de fundamentarlas en recuerdos mucho tiempo después de la resucitación.

Los resultados fueron que un dieciocho por ciento de los pacientes en el estudio hablaba de recuerdos del momento en que habían estado clínicamente muertos. Entre un ocho y un doce por ciento informaban las experiencias ECM comúnmente aceptadas, como ver luces brillantes, pasar por un túnel, y hasta cruzar al cielo y hablar con parientes o amigos fallecidos. Los investigadores llegaron a la conclusión de que las experiencias cercanas a la muerte o ECM son meramente «algo que todos quisiéramos creer con desesperación que es verdad».[1]

Por otra parte, otros investigadores llegaron a conclusiones basadas en un estudio de trescientas cuarenta y cuatro personas (de entre veintiséis y noventa y dos años) que habían sido resucitadas. La mayoría fue entrevistada dentro de los cinco días posteriores a la experiencia. Los investigadores volvieron a contactarlos dos años más tarde, y luego de nuevo a los ocho años de esto.

Ellos descubrieron que las experiencias no se correlacionaban con ninguno de los parámetros de medición psicológica, fisiológica o clínica... es decir, que las experiencias no tenían relación con los procesos del cerebro que está muriendo. La mayoría de los pacientes tenía una excelente capacidad de recordar los sucesos, lo cual según los investigadores da por tierra con la idea de que los recuerdos eran falsos.

Lo que más me importa es que quienes pasaron por tales experiencias informan de cambios marcados en su personalidad. Ellos perdieron el miedo a la muerte. Se hicieron más compasivos, generosos, amorosos.

El estudio en realidad no mostró nada en cuanto a que las ECM sean verdaderas. Como ha sido el caso antes de que se realizaran estos estudios, un grupo creía que las ECM son solo estados psicológicos de alguien que está muriendo, mientras que el otro grupo sostenía que la evidencia respalda la validez de las ECM, sugiriendo que los científicos revisen las teorías que descartan las experiencias extracorporales.

No tengo la intención de tratar de encontrarle la solución a este debate. Solo puedo contar lo que me pasó a mí. No importa lo que me digan o no los investigadores, *yo sé* que fui al cielo.

He dedicado una inmensa cantidad de tiempo a pensar *por qué* sucedió, en lugar de concentrarme en *qué* pasó. He llegado a una sola conclusión: Antes de morir en un accidente automovilístico era escéptico en cuanto a las ECM. Simplemente, no veía cómo alguien podía morir, ir al cielo, y volver para contarlo. Jamás dudé de la muerte, de la realidad del cielo, o de la vida después de la muerte. Pero sí dudaba de las descripciones de los relatos de las ECM. Estas historias me parecían muy ensayadas, todas muy similares. Entonces morí, fui al cielo y volví. Solo puedo contar lo que me pasó a mí. Ni por un instante se me ha ocurrido creer que fue una mera visión, un caso de cables cruzados en el cerebro, o el resultado de cosas que oí antes. Sé que el cielo es real. Estuve allí y volví.

Así que todo se resume a esto: Hasta que un simple mortal muera durante un período de tiempo considerable y luego vuelva a vivir con una evidencia irrefutable de que hay vida después de la muerte, las ECM seguirán siendo una cuestión de fe, o al menos, conjeturas. Pero, como dice uno de mis amigos: «¿Qué hay de nuevo?»

Compartí mis experiencias una vez con una congregación grande en la que se encontraban los padres de mi esposa,

Eldon y Ethel Pentecost. Ellos me han respaldado siempre e hicieron grandes sacrificios durante mi accidente y la larga recuperación.

Después del servicio, fuimos a su casa. En un momento en que Eldon y yo estábamos a solas, me dijo:

—Me enojé la primera vez que compartiste la historia de tu viaje al cielo.

Yo no tenía idea de que hubiera sentido enojo.

—Terminaste diciendo que nunca deseaste volver a la tierra.

Asentí, sin saber hacia dónde se dirigía la conversación.

—No entendí entonces. Pero hoy sí puedo entenderlo. Cuando te oigo hablar de la belleza del cielo comprendo un poco más por qué estarías dispuesto a separarte de mi hija y mis nietos durante un tiempo. Pues sabes, de veras, que volverán a unirse.

—Sin duda alguna —dije.

La revelación de Eldon me tomó con la guardia baja. Claro que tenía razón. Tuve el privilegio de bautizar a mis hijos y de ver bautizada a mi esposa también. Sabía que la fe de ellos era sincera. Por fe, sabía que serían residentes del cielo algún día. Y separarme de ellos jamás cruzó por mi mente mientras estuve en el cielo. Los que están en el cielo sencillamente no están conscientes de quiénes *no están* allí. Pero sí saben quién vendrá.

Y todavía hoy puedo decir con sinceridad que desearía haberme quedado en el cielo, pero sé que mi momento no era ese. Si hubiera sabido que me esperaban dos semanas en la UCI, un año en el hospital, y treinta y cuatro operaciones al dejar el cielo, seguro habría estado todavía más desesperanzado desde el principio. Sin embargo, no estaba en mí la decisión, y volví con el sonido de una voz que oraba, de botas que pisaban el vidrio hecho añicos, y de las Mandíbulas de la Vida que abrían los hierros apretados de mi auto destruido.

～◦～

Hay una pregunta que sigue ocupando mi mente: *¿Por qué?* Y tiene varias versiones:

¿Por qué morí en el accidente de auto?

¿Por qué tuve ese singular privilegio de ir al cielo?

¿Por qué se me permitió un vistazo del cielo para luego hacerme volver?

¿Por qué casi muero en el hospital?

¿Por qué permitió Dios que viviera en constante dolor desde el 18 de enero de 1989?

La respuesta es corta: No lo sé.

Y sin embargo, ese por qué sigue siendo el cuestionamiento humano más consumado. Por naturaleza, somos curiosos. Queremos saber.

Después de todos estos años todavía no me resulta fácil contar lo sucedido. Varias veces intenté escribirlo y no pude. Por eso le pedí a mi amigo Cec Murphey que me ayudara con este libro... si dependiera de mí jamás lo habría escrito. El trauma emocional de revivir todos los sucesos es demasiado para mí. Solo contando con alguien más que lo escribiera me ha sido posible pasar por esto.

Todavía no sé por qué pasan estas cosas.

Pero sí sé que Dios está conmigo en los momentos más oscuros de mi vida.

Además de preguntar por qué hay otras preguntas. Creo que es más importante que piense en ellas.

¿Quiso Dios que conociera el dolor real para que pudiera entender el dolor de mi prójimo?

¿Qué es lo que Dios quiso que aprendiera de todas mis experiencias, de mi muerte y de mi larga recuperación?

¿De qué manera pueden mis experiencias beneficiar más a mi prójimo?

Después de tantos años, todavía no encuentro respuesta tampoco para la mayoría de estas preguntas. Aprendí varias cosas y veo que Dios sigue teniendo razones para mantenerme con vida en esta tierra. Quizá nunca llegue a conocer sus razones, y por cierto él no tiene la obligación de explicármelas.

Aunque no tengo respuestas a muchas de mis preguntas, tengo paz. Sé que estoy donde Dios quiere que esté. Sé que estoy haciendo el trabajo que Dios me encargó.

Encuentro consuelo en una historia registrada en el Evangelio de Juan. Un hombre que había nacido ciego conoce a Jesús y es sanado. Entonces corre por ahí, alabando a Dios, pero su sanidad es algo que molesta a los líderes religiosos que han estado intentando apartar a la gente de Jesús.

Interrogan al hombre que era ciego buscando obligarlo a admitir que Jesús es un pecador (es decir, un fraude).

El hombre dice con sabiduría: «Si es pecador, no lo sé … Lo único que sé es que yo era ciego y ahora veo» (Juan 9:25). De la misma manera algunos quizá no crean en mi relato. Podrán pensar que fue el cumplimiento de algo que deseé y que se concretó en el momento de un trauma severo. No tengo que defender mi experiencia.

Sé lo que me pasó. Para quienes tenemos fe en la realidad del cielo no hace falta evidencia. *Sé lo que viví.*

Creo que Dios me permitió vislumbrar lo que será la eternidad en el cielo.

También creo que parte de la razón por la que sigo vivo, como ya dije, es que la gente oró. Dick Onerecker oró para que volviera a la vida... y sin daño cerebral. David Gentiles y otros oraron para que Dios no me llevara al cielo justo entonces.

Estoy aquí. Estoy vivo, y es porque los propósitos de Dios todavía no se han cumplido en mi vida. Cuando Dios haya terminado conmigo, volveré al lugar que añoro. Ya tengo hecha mi reserva en el cielo y volveré algún día para quedarme para siempre.

Es mi oración que pueda verlo allí también.